Esperanza

PARA UN DÍA SIN ESPERANZA

ALIENTO E INSPIRACIÓN PARA CUANDO MÁS LO NECESITES

JACK W. HAYFORD

Esperanza

PARA UN DÍA SIN ESPERANZA

ALIENTO E INSPIRACIÓN PARA CUANDO MÁS LO NECESITES

JACK W. HAYFORD

Vida®

La misión de Editorial Vida es ser la compañía líder en satisfacer las necesidades de las personas con recursos cuyo contenido glorifique al Señor Jesucristo y promueva principios bíblicos.

ESPERANZA PARA UN DÍA SIN ESPERANZA
Edición en español publicada por
Editorial Vida – 2009
Miami, Florida

©2009 por Editorial Vida

Publicado en inglés con el título:
      Hope for a Hopeless Day
      Copyright © 2001, 2007 por Jack Hayford
por Regal Books, Gospel Light, Ventura, California, U.S.A.

Traducción: *Alicia Guerci*
Edición: *Carlos Peña*
Diseño interior: *Cathy Spee*
Diseño de cubierta: *Pablo Snyder*

ISBN: 978-0-8297-5461-2

CATEGORÍA: Vida cristiana / Crecimiento personal

IMPRESO EN ESTADOS UNIDOS DE AMÉRICA
PRINTED IN THE UNITED STATES OF AMERICA

14 15 16 17 ❖ 9 8 7 6 5 4 3 2

CONTENIDO

CONTENIDO

PRÓLOGO

Los días sin esperanza son como moneda cotidiana en el mundo actual.

No es un comentario cínico sino honesto. Incluso en muchos aspectos, la misma clase de cosas que condujeron a personas como tú y yo a días sin esperanza pudieron experimentar y superar hace mucho tiempo esa coyuntura en un día sumamente especial.

Este es un pequeño libro sobre aquel gran día. Además, trata acerca de una *maravilla* aun más grandiosa: el poder milagroso de las palabras que se pronunciaron en esa ocasión. Aquel que convirtió el último día malo en lo que la historia hoy llama en inglés «bueno» y en español, «santo». Todavía lo denominamos así, ya que cuando el calendario se aproxima al tercer o cuarto mes del año, celebramos el domingo de pascua, que va precedido por el viernes santo o «bueno». Hay muchas razones para que ese viernes se llame «bueno», pero no están relacionadas con los conceptos humanos habituales de «agradable, feliz o placentero». Lo bueno de aquel día fue que Dios en su amor nos regaló a su hijo; que años antes llego a Belén y entregó su vida para morir en la cruz en Jerusalén. «Bueno» también aparece al hablar del «buen Pastor» que da su vida por sus ovejas. Asimismo, «bueno» forma parte del misterio revelado que enseña que Dios ahora perdona tus pecados y los míos por medio de la sangre derramada de Jesús, a fin de ofrecernos esperanza y promesas eternas. Ahora bien, aunque existen muchas otras razones, las que acabamos de mencionar nos brindan un cúmulo poderoso de excelentes motivos para decir que *aquel* fue un «buen» viernes. Sin embargo, fue un día muy malo, pues estuvo repleto de una gran cantidad de cosas semejantes a las que hacen que nuestros días a veces sean malos, cosas desagradables que nos consumen y nos desaniman.

> Fue un día de amarga traición; un día de mentiras y de injusticia.
> Fue un día de golpizas brutales, de abusos llenos de odio, sangre y lágrimas; un día de gritos, desprecio, maldiciones y burlas de parte de una multitud de necios.
> Fue un día de rechazo, de tremenda soledad, de amigos que huían y de enemigos que demostraban violencia.

Es el día malo denominado «viernes bueno» porque en aquella jornada Jesús hizo cosas que generaron una fuente inconmovible de *esperanza*…esperanza que nos salva, esperanza que nos sostiene, esperanza que nos acompaña y esperanza que nos dará la victoria.

Todo se debe a que Cristo venció la desesperanza al romper el yugo del pecado y la muerte. Estos dos enemigos son la esencia de todo lo que denigra y arruina la vida en cualquier momento. Encontrarse con Jesús en la cruz y decidir seguirlo es la manera de atravesar nuestros días malos para disfrutar de los resultados de su «viernes bueno».

Por tanto, escribo este libro porque quiero transmitir algo que aprendí sobre el día de oscuridad, trueno y terremoto que experimentó Jesús: momento en que Dios lo «abandonó» cuando murió por voluntad propia al entregarse en manos de sus criaturas. Aprendí que ese día, más que cualquier otro (aunque, en cierto modo, muy similar a miles de jornadas que vivimos día a día), contiene las llaves que abren la puerta de la esperanza. Es más, lo que el Señor vivió aquel día estableció las bases para que tú y yo caminemos con él, a fin de vencer nuestra desesperanza.

Por eso, permíteme contarte sobre el amanecer de un día como ese en mi vida y relatarte la sensación de profundo desaliento que me transmitió una situación mediante una voz punzante que intentó quitarme la esperanza. Querido lector, también te pido que me permitas transmitirte cómo actuó esa circunstancia para impulsarme a clamar a Aquel que es capaz de enseñarnos las palabras que pueden convertir un día sin esperanza en una experiencia transformadora.

CAPÍTULO UNO

CUANDO TODO EL PANORAMA ES OSCURO

Cuando abrí los ojos la mañana del 24 de octubre de 2003, la habitación estaba completamente oscura. El reloj digital junto a la mesa de noche indicaba las cinco en punto, hecho que confirmaron las campanadas del reloj de pared del abuelo que estaba en el pasillo de la sala de estar. Pasaron treinta y tres horas desde que Scott sufriera un colapso. Sucedió de repente...el interior de su cráneo se inundó de sangre cuando un aneurisma congénito estalló y la hemorragia comenzó a presionar el cerebro hasta dejarlo sin vida. Aunque los médicos se esforzaron en su trabajo para salvarlo y nuestra iglesia oró con fervor por su pastor, todo indicaba que había muerto en el acto.

Scott Bauer, yerno de Anna y mío, se había casado hacía más de veinticinco años con nuestra hija Rebecca y me había sucedido como pastor de *(La iglesia del camino)*, congregación que pastoreé durante treinta años. Esta decisión no la habíamos orquestado nosotros, ya que ni Scott ni yo habíamos pensado nunca en que él me sucediera como pastor, aun cuando los once años de labor que realizó junto a mí como pastor asistente podrían hacer pensar que fue así. No obstante, aunque la iglesia es liderada por el pastor, la gobierna un grupo de ancianos piadosos. No muchos se pueden imaginar el gozo que sentí cuando le pidieron a Scott que ocupara ese lugar cuando Dios me llamó para fundar *The King's Seminary*, un nuevo centro de capacitación para líderes en la actividad pastoral para el siglo veintiuno. La iglesia continuó creciendo en gran manera bajo el liderazgo de Scott Bauer, un pastor de almas sumamente talentoso, con corazón de siervo y ungido por el Espíritu Santo. No obstante, treinta y tres horas antes todo esto cambió por completo.

Esa mañana del 24 de octubre de 2003, *exactamente cuatro años después de haber sido nombrado pastor*, y con solo cuarenta y nueve años de edad, lo único que mantenía funcionando el corazón de Scott eran unos instrumentos que estaban programados para ser «desconectados» a las dos de la tarde de ese mismo día. Todo vestigio de vida había desaparecido. Scott, el hombre que fue «mi verdadero hijo en esta fe que compartimos» en Cristo, esposo de nuestra hija mayor y padre de tres de nuestros nietos… Scott, el pastor al que yo junto con los ancianos de la iglesia, *un tiempo antes* le habíamos impuesto las manos para que se convirtiera en pastor principal… ¡había muerto! La indicación para poner fin a su situación no se daría hasta esa tarde en que sus padres llegaron de Texas. Sin embargo, a las pocas horas del colapso habían declarado que Scott tenía muerte cerebral.

Esto había ocurrido el miércoles por la noche. Scott se adelantó para cerrar la reunión de mitad de semana que previamente había sido bendecida con la visita de un orador. En ese momento, después de pedirle a la congregación que se pusiera de pie para la bendición final, hizo una pausa como si hubiese estado confundido. Se dio vuelta y le dijo al Dr. Jack Hamilton, miembro del equipo de pastores: «Jack, acércate y cierra la reunión». Entonces bajó de la plataforma de manera «natural» mientras se ponía la mano en la cabeza y caminaba hacia la primera fila donde estaba sentada su esposa… pero no llegó. Aun así, dado que la congregación ya estaba de pie y orando, prácticamente nadie vio cuando su hijo Kyle y otros dos hombres ayudaban a su amado pastor a sacarlo del recinto. Aunque a los pocos minutos recuperó brevemente la conciencia y los paramédicos le brindaron atención casi de inmediato, un hijo, esposo y padre amoroso se sumía en un abismo inerte.

Por esa situación me desperté a las cinco de la mañana de ese viernes, y eso no fue porque no hubiéramos estado orando por él. Si bien nos habían dicho que la condición de Scott era irreversible, miles de personas no dejaron de elevar oraciones a su favor. Aunque abrigábamos la esperanza de que se produjera un milagro de dimensiones notorias e inusuales, suceso que todos pedíamos en oración, los familiares tenían la tranquilidad de haber tomado la decisión correcta. No solo los registros médicos respaldaban lo adecuado y sabio de la decisión sino también la sensación que todos experimentábamos de que Scott ya había partido. De todos modos, nunca dejamos de orar. A lo largo y ancho del mundo se elevaron a su favor más oraciones por centímetro cuadrado de lo que supe jamás. Recibimos notas de todas partes, incluso de la oficina del presidente George Bush, que decía que en la Casa Blanca habían orado por nuestro hijo.

Cuando miramos atrás, tenemos la certeza de que Scott Bauer no partió de esta tierra por falta de fe ni de oración, ni tampoco creemos que respiró una vez menos de lo divinamente establecido para su peregrinaje terrenal. Sin embargo, *esa* certeza llegó tiempo después. Ahora era viernes, y nuestra habitación estaba oscura… sumamente oscura. La voz que susurraba un gruñido sepulcral también provenía de la oscuridad: «¿Así que estas son las bendiciones de otoño?» Fue el sonido más depravado, odioso y siniestro que había escuchado en toda mi vida. Resonó «potente» dentro de la habitación, pero la voz apacible que habló a mi alma lo destruyó por completo… y yo sabía de dónde venía.

Es peligroso contarle a la gente acerca de situaciones en las que escuchas la voz de Dios, y más peligroso aún si sugieres haber oído la voz de Satanás. De todas formas, nunca he sido místico ni dado a investigar esa clase de experiencias. Sin embargo, en algunas ocasiones, cuando sentí que ayudaría a la gente a entender la verdad de la Palabra de Dios y las realidades de la vida, relaté cosas como estas, que son producto de mi largo andar con Cristo, caracterizado por una vida de fe bíblica y llena del Espíritu.

Las palabras malvadas y llenas de odio mezcladas con una furia penetrante requieren explicación, porque fueron dichas con burla y desprecio. Me «escupían» en la cara una declaración que varios años antes le había hecho al Dios y Padre. En ese momento tenía sesenta y ocho años, pero casi una década antes nuestro Señor amante me había mostrado con claridad que el otoño de mi vida estaría repleto del cumplimiento de promesas profundas y de esperanza que serían mi sostén. Dejando de lado este momento atroz que estaba viviendo, esas promesas se habían cumplido y continuaban cumpliéndose en diferentes situaciones. No obstante, en la oscuridad de este viernes por la mañana, Satanás buscó sacar ventaja de la prueba y «escupir» el rostro de la «esperanza futura» que Dios en su gracia había declarado que era su voluntad para mi vida: «Te bendeciré en el otoño».

Tal como saben todos aquellos que alguna vez me escucharon hablar del tema, mi época favorita del año es el otoño, porque exhibe el atractivo de la cosecha, contiene las celebraciones más grandiosas y despliega una belleza impresionante con el ardor de su esplendoroso colorido.

Sin embargo, en ese momento, en la oscuridad del amanecer de ese aterrador viernes otoñal de octubre, mientras enfrentaba la realidad de lo que le aguardaba a Scott y la incertidumbre de lo que me depararía el futuro, escuché esa voz brutal y aborrecible. El príncipe del infierno lanzó una carcajada provocadora y siniestra, y agregó: «Todo se vendrá abajo junto con Scott. ¡La iglesia no soportará este golpe, la visión del seminario se perderá y fracasará, y la fe de los que oraron se tornará inservible y repleta de dudas!»

Al comienzo del enfrentamiento, estando ante la presencia del maligno, rodeado por la oscuridad de la hora y enfrentando la dolorosa realidad de la condición de Scott, esa situación fue una de las más devastadoras que experimenté en mi vida.

Querido lector, me parece que entiendes muy bien lo que estoy diciendo. Los corazones sinceros que hayan o estén enfrentando una prueba difícil admitirán haber experimentado momentos cuando el engañador desafía tan ferozmente las promesas de Dios y la oscuridad de la situación denuncia que toda esperanza es mentira y que la desesperación parece estar a punto de triunfar. En momentos así, nuestro corazón no solo debe ser sincero sino que necesita aprender a ser *sabio*. Por la gracia de Dios, yo ya había enfrentado a este engañador una cantidad suficiente de veces como para saber qué hacer.

Exhausto e incapaz siquiera de intentar resistir ni de lanzar un golpe certero ante un ataque personal tan desgraciado y profundo, solo pude regresar a la cama. Me puse de costado y en silencio elevé mi voz a otro Ser: «Jesús, tendrás que encargarte de esto». Eso fue todo lo que dije... y todo lo que me hacía falta.

Así de simple, como si una mano me pasara por la cara y me cerrara los ojos, me quedé dormido; un fenómeno totalmente imposible porque, cuando me despierto por la mañana, *sigo despierto* por el resto del día. Ni siquiera recuerdo haber cerrado los ojos... fue como si el Señor *se hubiese llevado todo*. Me desperté exactamente una hora después, a las seis en punto, y tal como había sucedido antes, escuché las campanadas del frente de la casa. Cuando me desperté esa vez, dos cosas habían cambiado por completo. Primero, la luz matinal había comenzado a iluminar la habitación con una tonalidad levemente gris pero agradable. Segundo, al sentarme al borde de la cama, se había producido un milagro indescriptible. *¡Me envolvía un asombroso sentimiento de la PAZ DE DIOS!*

Uso letras mayúsculas porque no sé cómo describir de otra manera lo que creo que de verdad experimenté por primera vez en mi vida: «La paz de Dios, que sobrepasa todo entendimiento» (Filipenses 4:7). Luego, cuando me puse de pie, fue como si estuviese parado sobre un bloque de granito de más de un kilómetro de largo hacia cada lado. Experimenté una sensación inconmovible de estar plena, poderosa y majestuosamente sostenido por el poder de Dios, y de un modo que iba más allá de toda seguridad, confianza o paz sentida en toda mi vida.

Desde allí, me lancé a ese viernes, y al fin de semana y a las semanas y meses que siguieron. Cada jornada tuvo sus desafíos. Me pidieron que volviera a ser pastor de la iglesia durante un año hasta que nombraran a otro. Este pedido no solo multiplicaba mis obligaciones sino que implicaba tener que guiar al querido rebaño para que atravesara el desafío inmediato de la angustia por la muerte de su pastor y, al mismo tiempo, manejar el dolor de Anna y el mío, el de nuestra hija y sus hijos y también del resto de la familia.

No obstante, ese viernes sucedió algo que desató el poder de otro viernes. Fue el viernes que Jesús pagó todo, sufrió todo, murió por todos... *¡y ganó todo!* Querido lector e hijo de Dios, esta es la esencia del libro que ahora tienes en las manos.

La paz y la victoria que finalmente obtuve sobre la desesperanza no se debieron a mi gran fe. Cuando yaces sin esperanza, la oscuridad rodea todo el panorama y la voz que procura captar tu atención hace comentarios desdeñosos contra Dios e intenta hundir tu alma en la desesperación. En ese momento es cuando se te invita a recordar otra voz, la de Jesús, que nos llama desde el otro lado de la cruz, donde experimentó todo el dolor, el sufrimiento, la desesperanza, el odio, la muerte y el infierno posibles. Y él dice: «¡Clama a mí... yo ya atravesé un viernes como el tuyo y te ayudaré a superarlo!»

Hay esperanza... para todos y cada uno de los días sin esperanza. Lo que cada uno de nosotros debe hacer no es escuchar solo su invitación sino también entender cómo es el sendero que trazó el Señor para dejar la desesperación y conducirnos a la esperanza. Por eso te invito a que te unas conmigo a escuchar la voz de Jesús mientras él atraviesa un mal día; en realidad no solo el peor día de su vida sino también el último que los seres humanos y los demonios podrán volver a tramar jamás.

Allí hay esperanza. Lo sé porque lo experimenté muchas veces, incluso en el peor día que tuve en mi vida. Y en días así, lo que se espera es que descubramos en persona la promesa eterna que dice:

«El Dios sempiterno es tu refugio; por siempre te sostiene entre sus brazos»

DEUTERONOMIO 33:27

CAPÍTULO DOS

HALLAR ESPERANZA
DURANTE UN DÍA SIN
ESPERANZA

*«Corramos con perseverancia la carrera que
tenemos por delante. Fijemos la mirada en
Jesús, el iniciador y perfeccionador de nuestra fe, quien por el gozo que le esperaba,
soportó la cruz»*

HEBREOS 12:1-2

La mañana que acabo de describir transformó un día
sin esperanza; le quitó el *«sin»* y dejó el resto de la
frase con una sensación de *esperanza* auténtica, profunda y dinámicamente sustentadora. La razón de un
cambio tan drástico y de la genuina inyección de esperanza tiene su explicación. Se halla en las cinco
palabras del texto citado arriba: «Fijemos la mirada
en Jesús». En resumen, la «esperanza» surge de la
dirección en que ponemos nuestros ojos. Si miramos
las circunstancias, el pasado, las tendencias o nuestro
interior, si observamos la situación desde otra perspectiva que no sea la de la fe, obtenemos un *sin*. En
cambio, si dirigimos la mirada hacia las oportunidades redentoras, recuperadoras y restauradoras de

Dios que están siempre disponibles por medio de su Hijo, la situación se modifica. La clave del cambio es esta: dirigir nuestra vista hacia *el Señor:* «¡Fijemos la mirada en Jesús!»

Cuando el nivel de esperanza es bajo o nulo, este mandato no es una convocatoria religiosa sino una señal que nos invita a ver un sendero que brindará dos cosas: un Director y un destino. Desde luego que el primero es el Salvador, el Hombre sin igual porque es el Dios de todo: Jesús, el que sufrió los horrores de un viernes, porque iba camino a la realidad llena de esperanza y gozo de un domingo. Su viernes era el sendero hacia la resurrección, aun cuando todo lo que podemos ver en aquella jornada es una aparente agonía y una derrota deprimente que parecen concluir cuando su cuerpo es colocado en un hueco desesperanzado de la tierra. Sin embargo, una sucesión de conceptos constituyen el camino que él abrió como pionero, autor, iniciador y perfeccionador de nuestra fe. Escucharlo hablar desde la cruz aquel viernes es aprender a caminar hacia la esperanza cuando enfrentamos nuestros días sin esperanza.

Así que, acompáñame a evaluar el significado de las palabras y a considerar el consejo de este Hombre, que dice: «Si alguien quiere ser mi discípulo … que … lleve su cruz y me siga» (Marcos 8:34). Dado que el propósito de su vida es que tú y yo tengamos «vida, y … en abundancia» y por medio de su muerte «salvar a todos los que están perdidos y … destruir las obras del diablo», podemos contar con la siguiente verdad: su cruz es el camino a la esperanza.

Todos enfrentamos días sin esperanza. Ocurren con más frecuencia de lo que pensamos merecer y, a veces, se prolongan más tiempo del que creemos que podemos soportar. Por esta razón, todo discípulo de Jesús necesita tener un marco de referencia para procesar esos días sin esperanza. Y la Palabra de Dios nos indica uno: «Corramos con perseverancia la carrera que tenemos por delante. Fijemos la mirada en Jesús, el iniciador y perfeccionador de nuestra fe, quien por el gozo que le esperaba, soportó la cruz» (Hebreos 12:1-2).

Cuando veo personas que enfrentan uno de esos días sin esperanza en la vida, las insto a volver a acercarse a la cruz. La invitación *no* es para compadecerse de la agonía que experimentó allí el Señor, como si Jesús pudiera consolarse al ver que volvemos a sentirnos mal por todo lo que pasó. Más bien, primero nos invita a la cruz para hallar *vida* al recibir el perdón que Dios nos ofrece a cada uno de nosotros por medio de su Hijo. Luego nos convoca a *aprender a vivir* encontrando en él compañía y dirección poderosa cuando tú y yo enfrentamos nuestros días de «cruz».

La totalidad del dolor, la dificultad, la incapacidad y la desesperanza se concentran en la cruz de Cristo. Allí está *todo* el sufrimiento, rechazo, angustia, agotamiento, incomprensión, enojo, odio, pecado, depresión, soledad, muerte. Sin embargo, allí también se centra *toda* sabiduría y conocimiento, y *toda* fe, esperanza y amor.

Ahora bien, es por medio de la experiencia de ese amor que somos convocados a mirar a Jesús y seguir su ejemplo durante nuestros días sin esperanza, luego de haberlo visto procesar el suyo… aunque con una *excepción:* el Señor vivió ese día observando lo que estaba más allá: «Por el gozo que le esperaba, soportó la cruz» (v. 2). Él enfrentó cada instante y cada persona que estaba allí involucrada de tal manera que les anuló la capacidad de producir desesperanza y, de ese modo, nos muestra cómo hacer lo mismo cuando enfrentamos días similares.

■ ■ ■

Al margen de lo dicho, recordemos la promesa que se le hizo a un grupo de exiliados que estaban siendo trasladados por sus captores desde la ruinas de su ciudad, que había sido saqueada, Jerusalén. Este es otro ejemplo donde vemos que Dios emplea casos de estudio con el propósito de brindarnos esperanza. Mientras los pelotones de ciudadanos derrotados, avergonzados y tambaleantes eran sacados de Jerusalén y guiados por sus enemigos a punta de espada hacia Babilonia, Jeremías elevó su voz ante la impotencia que sentían y la posibilidad de tener que enfrentar un destino absurdo. En el nombre de Dios, el profeta declaró:

«Porque yo sé muy bien los planes que tengo para

ustedes —afirma el Señor—, planes de bienestar y no de calamidad, a fin de darles un futuro y una esperanza. Entonces ustedes me invocarán, y vendrán a suplicarme, y yo los escucharé. Me buscarán y me encontrarán, cuando me busquen de todo corazón. Me dejaré encontrar —afirma el Señor—, y los haré volver del cautiverio» (Jeremías 29:11-14).

El registro de la historia comprueba que Dios cumplió esa promesa tal como les había asegurado a aquellas personas ese día desalentador y sin esperanza. Y ese registro no está allí solo para *memorizarlo* como un suceso histórico sino que se nos da para *contemporizarlo*, es decir, ¡para aplicarlo a nuestra situación actual como una promesa profética! Somos invitados a acudir a la esperanza con la misma certeza que a la cruz, porque el Salvador que habla desde allí nos está enseñando a vivir mientras muere para darnos vida.

Acércate. Escúchalo mencionar siete frases clave que mantendrán abierta la puerta de la esperanza.

Permíteme relatarte siete historias de personas que aplicaron esos principios *hoy* y quitaron de sus vidas lo que parecían circunstancias desesperanzadoras, hombres y mujeres que fueron liberados con esperanza.

Recuerda, Jesús todavía sigue hablando. Su cruz es una victoria del presente, y las palabras que pronunció allí están a disposición de nosotros para aplicarlas, a fin de que triunfemos también.

CAPÍTULO TRES

PERDONA A TODOS LOS QUE TRATAN DE ARRUINARTE LA VIDA

«—Padre —dijo Jesús—, perdónalos, porque no saben lo que hacen»

LUCAS 23:34

Estas primeras palabras de Jesús manifiestan grandeza y majestad. La sangre del Cordero recién comienza a derramarse desde el altar de la cruz. El plan para la provisión de este momento se inició en el Edén con el primer sacrificio por el pecado y continuó a través de los siglos mediante innumerables sacrificios de animales que les hablaban a los adoradores sobre un futuro sacrificio definitivo.

Él está ahora en la cruz… el Cordero de Dios que quita el pecado del mundo.

Y en este momento se presenta como el mayor sumo Sacerdote que ofrece su vida para suplir la mayor necesidad de la humanidad: el perdón de los pecados y la liberación de la esclavitud que ello provoca.

Las primeras palabras de este Cordero-Sacerdote son *afectuosas* en comparación a las de sus antagonistas, que estaban llenas de odio; también *imperece-deras* y llenas de amor, porque nos llegan a ti y a mí en el día de hoy. Sin embargo, también es una frase *instructiva* para quienes tenemos que aprender a encontrar esperanza en un día sin esperanza. Por eso, esta es nuestra primera lección: *para encontrar esperanza en un día sin esperanza, lo primero que debes hacer es perdonar a todos los que al parecer tratan de arruinarte la vida.*

La desesperanza que experimentamos es una emoción muy común y una realidad indiscutible. Los días sin esperanza son producto de *cosas que pasan*, y las cosas que pasan son el resultado de cosas que hacen las personas. Personas que malinterpretaron, que intentaron dañarnos, que olvidaron o descuidaron hacer algo, que nos traicionaron o nos deshonraron, que nos lastimaron ayer... o *el año pasado*. Personas que *hacen* cosas. Y lo que nos resulta más difícil creer es lo que Jesús dijo aquel día: personas que en realidad no saben lo que hacen.

Estas palabras del Señor: «No saben lo que hacen»; tal vez sean las que mejor describen la pecaminosidad y el fracaso humanos, la falta de amor, la rebeldía, el daño, el odio, el enojo, la violencia y miles de maldades que oprimieron a nuestra raza caída. Aunque el pecado se calcula, se planea con detalle, se concibe con minuciosidad y se ejecuta de manera eficiente, en realidad nadie comprende la profundidad ni la dimensión de su naturaleza destructiva ni el grado de daño que produce en la gente. En un sentido muy real, *todo* pecado es pecado de ignorancia.

Para aprender a aplicar la gracia del perdón y estar dispuesto a perdonar a todos los que al parecer te están arruinando la vida en este momento es necesario hallar un punto de partida, y Jesús te lo indica: «No saben lo que hacen».

Sin embargo, la verdad es que no sentimos que sea de esa forma sino que tendemos a ver las cosas desde *nuestro* punto de vista; y cuando suceden cosas malas, parece que los que nos dañaron sabían con exactitud lo que estaban haciendo... y que tampoco les importaba.

Es probable que desde la cruz haya dado la misma impresión, pero Jesús nos enseña algo sobre el secreto del perdón: *perdonar a los que te atacan es la clave para dejar de seguir siendo la víctima.* Cualquiera sea el impacto inicial que nos produzca una ofensa de parte de otra persona, la victoria la determina nuestra negativa a reaccionar, sentir rencor o vengarnos. No obstante, este perdón debe ser tan real en nosotros como lo fue de parte de nuestro Señor, y no un simple ejercicio de dominio propio humanista y voluntario. Esto último puede parecer noble, pero solo abriga orgullo interior.

El perdón verdadero brota de la gratitud a Dios por haberme perdonado y también de recordar que, por amor divino, me fue perdonada una deuda tan grande. Todo esto hace que no tenga excusas para no perdonar por completo a los demás. El Señor nos dice: dado que «recibieron gratuitamente, concédanlo de la misma manera». Perdonar a los que tratan de injuriarnos significa *escapar de su control* y despojarnos del enojo, la angustia o la decepción que pretende inundarnos.

Al pensar en la transformación bendita que puede producir un genuino espíritu perdonador, me viene a la mente la historia de Ricardo como un ejemplo maravilloso de esta gracia. Él impidió que el rechazo que un día sin esperanza padeció de parte de un grupo de amigos (y de uno en especial) le invadiera el corazón y, como resultado de eso, experimentó la esperanza y el gozo de un «nuevo día» para su vida y un «día feliz» de salvación para otra persona. En una ocasión me fue a ver a mi oficina y me contó su historia.

Hacía casi dos años que Ricardo había conocido a Cristo como Salvador. La transformación que experimentó por el poder del evangelio y el descubrimiento del propósito verdadero del Creador para él como persona y como *hombre* dieron como resultado que se convirtiera en un sincero discípulo de Jesús. El sendero que lo alejó de su antiguo estilo de vida en la comunidad de *West Hollywood* con su pareja homosexual no había sido nada sencillo. Como profesional del ámbito médico, era respetado por su talento y, como miembro de la comunidad homosexual, era aceptado por un amplio círculo de amigos que compartían la misma manera de pensar. Debido a su eficiencia, era el ejemplo consumado de todo lo que *cualquier* comunidad querría nominar como representante: «¡Es exitoso y pertenece a nuestro grupo!»

Sin embargo, cuando Ricardo recibió a Cristo como Salvador, todo cambió de manera rápida y casi peligrosa. El rechazo que experimentó no tuvo nada que ver con los motivos que podría suponer un crítico, ya que no se convirtió en juez intocable de sus amigos ni en un predicador santurrón. De todos modos, en un esfuerzo por apaciguar el daño emocional que le produciría a su pareja cuando le comunicara que pondría fin a la relación, le explicó la decisión que había tomado por Cristo. «Carlos, tú sigues siendo importante para mí —le dijo—, pero si soy sincero ante la verdad y fidelidad del amor de Dios hacia nosotros dos, ya no puedo seguir viviendo de este modo. No quiero que pienses que te odio o te considero una persona indigna. Simplemente sé que Dios tiene algo mejor para ambos».

La reacción fue explosiva.

Carlos se puso furioso y de inmediato hizo correr la noticia de que Ricardo no solo «lo había dañado» sino que se había convertido en uno de «ellos». Desde la perspectiva de innumerables grupos gays, «ellos» es el término que usan para referirse a aquellos miembros de la comunidad cristiana que al parecer desprecian los valores humanos de los homosexuales. Muchos reaccionan mejor a la fe cristiana que a la actitud de gran cantidad de creyentes que tienen un concepto despreciable y degradante de sí como personas. El término *abominación* se considera una expresión llena de odio, desprecio y altivez, que va unida a una intolerancia social de los derechos humanos individuales y motivada por una búsqueda de control político que, si los cristianos alguna vez llegaran a gobernar, llevaría a exterminarlos.

Y Ricardo se había convertido en uno de «ellos».

Su angustia no se debía ni a la rapidez con que sus numerosos amigos le habían dado la espalda ni a la amargura que sentían por su nueva vida consagrada a Cristo sino a la idea equivocada que tenían ellos sobre lo que en realidad significa conocer a Jesús, y también por los pocos casos de personajes supuestamente «cristianos» que justificaban la caricatura que la comunidad gay tenía de «ellos». Todo eso fue lo que lo llevó a reunirse conmigo esa vez en mi oficina.

Ricardo me había escrito una carta afectuosa y estimulante que describía cómo había encontrado nuestra iglesia después de convertirse a Cristo, y expresaba su profunda gratitud por el refugio de esperanza que le brindaba y la atmósfera propicia que había hallado para crecer. Esto fue lo que me escribió:

«Pastor Jack, no fue fácil encontrar una comunidad que ofreciera al mismo tiempo gracia y verdad. Quería contarle lo agradecido que estoy por una congregación que constantemente demuestra dos cosas: primero, consagración a la Palabra de Dios y sus requisitos para vivir en la voluntad del Señor (incluso el llamado a dejar la desobediencia sexual); y segundo, consagración al amor de Dios y sus requisitos para mostrarles la gracia del Señor a los perdidos (incluso un espíritu bondadoso hacia todos los que viven enceguecidos en el pecado y disposición a "amarlos para que tengan vida" en lugar de mirarlos con intolerancia)».

Quedé más conmovido por su discernimiento sólido y profundo que por las agradables declaraciones sobre nuestra iglesia. Era un ejemplo maravilloso de la forma como *Jesús salva*. Estas dos palabras que resumen el evangelio se manifestaban muy bien en este hombre que había sido transformado por completo, resucitado de un entorno mortal y que ahora caminaba firme en la luz de la Palabra de Dios. Ricardo era un hombre con una profunda compasión hacia aquellos que podía alcanzar para Cristo, especialmente los que estaban atrapados en las garras de la confusión en la que él había vivido en el pasado. Estas razones eran muy conmovedoras, pero estaba a punto de descubrir algo aun mucho más estremecedor.

Estábamos por terminar la conversación cuando Ricardo me pidió algo, «Pastor Jack, antes de irme, ¿le importaría orar conmigo por algo que está sucediendo en este momento?» Asentí con la cabeza invitándolo a que continuara hablando. «Quiero pedirle que me respalde en oración durante los próximos días. Permítame que le explique».

Procedió a contarme en breve que hacía unas semanas se había enterado de que su expareja se estaba muriendo a causa de un brote gravísimo de SIDA. Después de enterarse de que Carlos prácticamente había desaparecido de escena, Ricardo fue al departamento que antes habían ocupado juntos y lo encontró allí. Entonces continuó diciendo: «Toqué la puerta no solo preguntándome si estaría allí sino también con la incertidumbre de cómo me recibiría si estaba allí. Cuando se abrió la puerta, quedé pasmado. Su rostro estaba consumido, tenía llagas abiertas y parecía un muerto caminando. Al verme a través de sus ojos entrecerrados, le cambió la expresión y, al parecer, no se sintió seguro de abrir la puerta y decir débilmente: "Ah, eres tú"».

Ricardo me siguió contando que Carlos se dio vuelta pero que había dejado la puerta abierta. «Si no tuviera la capacitación médica que tengo, habría sido peligroso entrar, pero lo hice».

El departamento estaba desordenado y con un olor desagradable, ya que la muerte estaba invadiendo su cuerpo. Ricardo no dijo nada, pero se puso a limpiar el lugar mientras Carlos regresaba a la cama. Con la precaución y la capacidad de un profesional, procedió a ocuparse de las necesidades de Carlos: lo ayudó a bañarse, le limpió las llagas, hizo la cama y le preparó la cena.

«Intercambiamos muy pocas palabras. Carlos estaba tan limitado que apenas podía resistirse a que lo ayudara y, cuando terminé de lavar los platos, le dije que regresaría al día siguiente. Pastor Jack, eso fue hace casi cuatro semanas, pero mi pedido de oración es por lo que sucedió esta semana».

Yo estaba a punto de llorar mientras escuchaba. La pureza auténtica de las motivaciones de Ricardo, la gracia compasiva de sus acciones, el interés evidente que veía en sus palabras, todo era producto de una actitud perdonadora semejante a la de Cristo. Allí estaba él alcanzando a quien lo había rechazado, amando de la manera más práctica y con los propósitos más puros.

«Pastor, durante todas estas semanas que lo estuve ayudando no le hablé nada de Jesús, ni siquiera una sola vez, y no porque tenga vergüenza del Señor sino porque sabía que no aceptaría nada de lo que le dijera. Entonces, hace solo tres días, mientras lo ayudaba a regresar a la cama después de cambiar las sábanas, dijo con una resignación casi lastimosa: "Está bien, Ricardo, háblame de Jesús"».

Tanto los ojos de Ricardo como los míos se nublaron mientras me describía cómo Carlos le había abierto su corazón al Salvador. Quedé pasmado ante esta evidencia del poder del perdón demostrado hacia la misma persona que rechaza a otra.

El pedido fue directo: que orara por los últimos días de Carlos en esta tierra. Tanto Ricardo como yo creíamos que Cristo puede sanar, aun a veces en las circunstancias más extremas. Tampoco dudábamos de que existiese en la misericordia de Dios disposición a hacerlo en favor de una persona cuya condición era resultado de una violación tan evidente de su plan benevolente para la humanidad. Sin embargo, había una especie de acuerdo expresado por Carlos y del que Ricardo también daba testimonio en cuanto a que el cuerpo físicamente atormentado que estaba a punto de ser dejado atrás ya no tenía nada que ver con el futuro que le aguardaba. Carlos había recibido a Cristo y estaba preparado para partir. Entonces oramos. Dos semanas más tarde, otra alma redimida entró a la gloria eterna y Ricardo me llamó por teléfono para informarme que Carlos se había ido al cielo.

Lo más sobresaliente de esta historia es la comprobación del profundo poder interior que produce en el discípulo el haber aprendido acerca de la gracia perdonadora ilimitada y asombrosa del Maestro. Esto no se logra rechazando los días sin esperanza que se producen cuando los demás nos rechazan o nos atacan. No se logra minimizando la angustia que experimentamos en manos de aquellos que parecen decididos a arruinarnos la vida. Las personas arremeten unas contra otras y se traicionan. Maldades crueles, tramas peligrosas y antagonismos horribles e intencionales se ponen de manifiesto. Y si a esto se lo denomina un día sin esperanza, esta expresión apenas describe la prolongada lucha que muchos de nosotros a veces enfrentamos. No obstante, recordemos que en el Calvario hay una lección.

Por eso te invito a que perdones a todos y cada uno de los que piensas te fallaron, dañaron u ofendieron. Si crees que hicieron algo para arruinarte el día, perjudicarte la vida, destruir las oportunidades, destrozar tus sueños o truncar tus metas… *perdónalos*. Perdonar a otros es la clave para vivir la libertad del perdón emancipador que Jesús nos ha dado. Además, es el primer paso para hallar esperanza en un día sin esperanza. Todo esto sin mencionar la oportunidad que nos brinda de disfrutar días nuevos inimaginables.

※ ※ ※

¿Hay cosas del pasado que sientes que te tienen atrapado? ¿Las has colocado delante del Señor para que te perdone algún fracaso o te libere de alguna esclavitud que experimentas por tu forma de actuar? La desesperanza se disipa y se transforma en *esperanza* cuando nos presentamos delante del Padre con plena conciencia de tener un corazón entregado y liberado de secuelas condenatorias. Por favor, lee Romanos 8.

CAPÍTULO CUATRO

AYUDA A LOS QUE EXPERIMENTAN LA MISMA LUCHA

«—Te aseguro que hoy estarás conmigo en el paraíso —le contestó Jesús»

Lucas 23:43

No se sabe con exactitud cuándo tuvo lugar el intercambio verbal, pero Jesús, que estaba colgado en una cruz entre un par de ladrones que también estaban siendo crucificados, fue el tema de un breve debate entre estos dos sujetos. El relato de Lucas dice lo siguiente:

«Uno de los criminales allí colgados empezó a insultarlo: —¿No eres tú el Cristo? ¡Sálvate a ti mismo y a nosotros! Pero el otro criminal lo reprendió: —¿Ni siquiera temor de Dios tienes, aunque sufres la misma condena? En nuestro caso, el castigo es justo, pues sufrimos lo que merecen nuestros delitos; éste, en cambio, no ha hecho nada malo. Luego dijo: —Jesús, acuérdate de mí cuando vengas en tu reino. —Te aseguro que hoy

estarás conmigo en el paraíso —le contestó
Jesús» (Lucas 23:39-43).

Al comienzo de la conversación, Jesús solo observaba y escuchaba. Estaba colgado en la cruz, pero
también había otros dos crucificados, uno a la derecha y otro a la izquierda. Eran criminales y, aparentemente, al coincidir la fecha en la agenda romana
de ejecuciones, sucedió que el día sin esperanza de
Jesús también era la jornada de padecimiento para
ellos. Parecía ser que ambos hombres eran conscien-
tes de las declaraciones que se habían hecho sobre
Jesús y sabían por qué estaba allí. Sin embargo, solo
uno de ellos expresaba su cinismo y enojo al insultar
al Señor y al burlarse de su poder. El otro criminal lo
increpó enérgicamente diciendo: «¿Por qué no tienes un poco de consideración? Este Hombre no me-
rece ninguna clase de burla ni sufrimiento porque no
hizo nada malo. Nosotros sí estamos recibiendo lo
que merecemos». Esta declaración fue un claro reconocimiento de su pecaminosidad. Entonces, con
el mismo espíritu de arrepentimiento y un reconocimiento notable y humilde de la divinidad de Jesús el
Salvador, le hizo un pedido: «Señor, acuérdate de mí
cuando vengas en tu reino» (v. 42).

La respuesta de Jesús da lugar a un estudio sobre
la misericordia divina que se manifiesta en la gracia
disponible para salvar en la bondad inconmensurable
de Dios hacia todos los que se acercan a él y en la

verdad de que nunca es demasiado tarde para buscar al Señor. Es una escena que le pone los nervios de punta al religioso que titubea en cuanto a ofrecer la salvación. Es la manera dramática en la que el Hijo de Dios declaraba: «Al que a mí viene, no lo rechazo» (Juan 6:37). Esta es la verdad del evangelio contenida en este acontecimiento, pero también incluye un principio para el discipulado. La respuesta de Jesús a la conversación de ese día sin esperanza nos enseña una segunda lección sobre cómo atravesar jornadas así en nuestra vida: debemos alentar a otros que están luchando o que dudan.

Hay dos cosas dignas de resaltar en cuanto a la conversación de Jesús con el ladrón arrepentido. Primero, el hombre estaba experimentando *exactamente lo mismo* que el Señor. Por favor, capta este concepto: Jesús se podría haber concentrado en sus propios problemas, pero continuó siendo sensible a las necesidades de las personas que lo rodeaban aun cuando tenía que ocuparse de enfrentar su dolor; y en esa acción había algo más. Segundo, Jesús pudo haber asumido una posición de superioridad ante ese hombre. Sin embargo, respondió de inmediato actuando como alguien que atravesaba la misma batalla desesperanzada. Es verdad, el ladrón enfrentaba ese día con muchos menos recursos que el Señor. Jesús estaba sufriendo, pero él era y es el Señor; aun el ladrón reconoció esta verdad. Le habían atravesado las manos y los pies con clavos y lo habían torturado incrustándole una corona de espinas en la cabeza, pero él era y es el Rey divino. Aun así, el Salvador no interactuó desde una posición de superioridad espiritual ni moral con ese hombre que buscaba auxilio para su alma sino que se encontró con él en el plano del sufrimiento compartido de aquel día sin esperanza.

Jesús indicó el camino para que aprendamos que, al margen de lo que pueda incluir nuestro día sin esperanza, él nos invita a encontrarnos con los que sufren como nosotros allí donde *ellos* están y sin poner distancia por la posición o los recursos que tengamos. Esta es una lección que aprendí poco a poco por la gracia de Dios y, en una ocasión, fui literalmente sacudido cuando el Señor me expuso a experimentar un temor horroroso para ayudarme a asimilarla. Dio la impresión de que en ese momento diez mil trenes de carga atravesaban estrepitosamente nuestra casa. La ciudad de Los Ángeles fue devastada. Eran las 4:31 de la madrugada del lunes 17 de enero de 1994 cuando el terremoto de Northridge se desencadenó a tal punto que produjo uno de los desastres naturales más calamitosos de la historia de los Estados Unidos de América. Estructuras arquitectónicamente adecuadas como autopistas y edificios de muchos pisos colapsaron como si fueran parte de una aldea de juguete hecha por un niño. Las tuberías de agua y de gas estallaron y se desataron incendios en todas las calles.

Mi experiencia personal es inolvidable en muchos aspectos, pero nada fue más tremendo que el trauma emocional que padecí durante los días siguientes.

Me daba vergüenza. Ahí estaba yo, un hombre de fe, sólidamente aferrado a los recursos espirituales de la Palabra de Dios y encargado de guiar un rebaño que necesitaba mi respaldo y asistencia para alentarlo durante el período posterior al desastre… y me sentía aterrorizado. Cada réplica nos sacudía las fibras más íntimas a todos, pero dudo que haya habido nadie más traumatizado que yo.

No me lastimé ni sufrí una pérdida terrible como los que se quedaron sin sus negocios o recibieron heridas durante el terremoto. Tampoco me encontraba entre los cientos que se lamentaban por la pérdida de seres queridos que habían muerto en incidentes relacionados con la tremenda conmoción. Nuestra familia estaba a salvo, nuestra casa prácticamente intacta. Solo algunos muebles estaban rotos y desparramados como juguetes por todos lados. Sin embargo, cuando llegaba la noche al final de cada día, parecía que me transformaba en otra persona.

No lo quería admitir en mi interior, y mucho menos ante mi esposa ni los demás, pero parecía como que una agitación dentro de mí me dominaba. No llegaba a paralizarme, pero afectaba de forma radical mis sentimientos y reacciones normales. Ir solo hasta el otro extremo de la casa me aterrorizaba, especialmente de noche. Aunque estaba acostumbrado a levantarme de noche para pasar una hora o más orando en la oscuridad mientras el resto de la familia dormía, después del terremoto, solo me animaba a llegar hasta el baño con una linterna en la mano y, aun así, me envolvía una sensación de miedo que nunca antes había experimentado.

Después de cuatro días con esas experiencias anormales, busqué con desespero a Dios en oración. No estaba perturbado ni envuelto de pánico, pero me sentía muy desconcertado. Entonces exclamé: «¡Señor, no entiendo lo que me pasa! *No* temo por mi vida *ni tampoco* dudo de tu presencia ni de tu protección. Por favor, Señor, ayúdame. Te necesito. ¿Hay algo malo en mi vida?»

De manera instantánea y profundamente sorprendido por la inmediatez de la respuesta, un susurro interior le decía a mi alma: *«Hijo mío, no hay nada malo en ti sino que permití que experimentaras la intensidad del trauma y del miedo que envuelve a multitudes de personas para que entiendas el tormento que padecen y los consueles, a fin de que superen sus temores».*

Reconocí la voz y de inmediato me sentí atraído hacia su Palabra: «Alabado sea el Dios y Padre de nuestro Señor Jesucristo, Padre misericordioso y Dios de toda consolación, quien nos consuela en todas nuestras tribulaciones para que con el mismo consuelo que de Dios hemos recibido, también nosotros podamos consolar a todos los que sufren» (2 Corintios 1:3-4).

Este texto se refiere a una de las clásicas estrategias que usa el Altísimo a través de los creyentes que experimentaron dificultades para que se conviertan en un respaldo para otros que padecen la misma prueba. Es el recordatorio divino de que *no consolamos a otros en base a la superioridad de nuestra fe sino porque las luchas que enfrentamos nos son comunes a todos.*

La semana después de esa experiencia, di uno de los mensajes más esperanzadores en cuarenta años de labor pastoral que desempeñé: «Entender el miedo y enfrentarlo». Tomé como base 1 Juan 4:17-19. No solo apoyé mi enseñaza en la inmutable promesa de la Palabra de Dios sino que también la ilustré con una transparencia total al relatar la lucha que había tenido con el miedo durante los días anteriores. Al abrir el corazón y admitir la angustia vulnerable que padecí durante esas noches de inquietud y aparente falta de fe, me arriesgué a que pensaran que no era un epicentro de fortaleza. Cuando les hablé de la sensación de desasosiego debilitante que había sentido durante cada réplica del terremoto, ¡la gente *se fortaleció*! Los corazones cobraron esperanza, los ojos comenzaron a brillar de nuevo y la fe aumentó ante la confesión de mis temores. Parecía una paradoja, pero fue el cumplimiento de la Palabra de Dios, la fuente donde se puede hallar esperanza cuando uno está rodeado de días que gritan lo contrario.

Los ancianos de la iglesia acordaron proveer fondos para grabar copias de mi mensaje y distribuirlas gratis a la congregación. Cientos de personas las utilizaron para solucionar su propia lucha interior, mientras que cientos más se los pasaron a amigos y familiares que experimentaban el mismo trauma posterremoto. El impacto fue tremendo, y eso se debió a que un discípulo solitario y atormentado por el miedo, que los demás quizá consideraban que no podía sufrir tal grado de angustia, recibió la gracia de experimentar parte de la grandeza manifestada en nuestro gran Salvador.

Esa gracia se observa de manera más maravillosa en aquel primer «viernes bueno», el día sin esperanza que supera todos los otros días desesperanzados. Cuando el Hijo de Dios en medio de su propia agonía le habla al otro hombre que sufría junto a él, no solo lo consuela con la promesa de la esperanza eterna sino que le brinda una promesa divina en el «hoy» de su lucha al confirmarle esa esperanza diciendo: «Te aseguro que hoy» (Lucas 23:43). Esas palabras fueron dichas como un *regalo* de parte de Aquel cuya propia lucha no impidió que estuviera dispuesto a ayudar a otros que también estaban en la misma situación.

Es una señal que haríamos bien en recordar cuando aparezcan días difíciles que buscan dirigir con poder nuestra atención hacia el desafío que enfrentamos, pues perdemos de vista a aquellos que nos rodean. Por lo tanto, procura lograr que tu día sin esperanza se convierta en un instrumento para crear esperanza en otras personas. Hacer esto no significa simular que tu lucha no existe sino impedir que se te paralice el corazón cuando lo que Dios de verdad desea es que fortalezcas tu confianza en él. Abre tu corazón para alcanzar a otros, y descubrirás que tú mismo recibes esperanza cuando se la brindas a otra persona.

※ ※ ※

¿Alguna vez te sentiste impulsado a dejar de lado la prueba que atravesabas para ayudar a alguien que también estaba sufriendo? ¿Qué beneficio te brindó? ¿Qué perdiste? El flujo de la gracia de Dios aumenta para con nosotros cuando estamos dispuestos a convertirnos en instrumentos que transmiten su amor y esperanza a los demás. Te invito a que leas Filipenses 2.

CAPÍTULO CINCO

ASEGÚRATE DE OCUPARTE DE QUIENES ESTÁN A TU LADO

«—Mujer, ahí tienes a tu hijo ... —Ahí tienes a tu madre»

JUAN 19:26-27

La tercera clave para encontrar esperanza en un día sin esperanza es la siguiente: *asegúrate de ocuparte de quienes están a tu lado*. La sabiduría de este concepto surge de la motivación y el momento en que se dieron estas bondadosas instrucciones. Desde la cruz, Jesús se dirigió primero a María su madre y luego le habla a Juan, el único de los doce discípulos que siguió al Señor durante todo el trayecto hacia la cruz.

Juan es el único que quedó de los doce. Por distintas razones, todos los demás huyeron y, en su mayoría, motivados por el miedo. Sin embargo, Juan se quedó con él. Primero siguió a Jesús hasta el lugar del juicio y después al sitio de la crucifixión. Frente a la cruz estaban también tres mujeres que probablemente por pedido del discípulo se habían unido a él durante el día. Lo más notable era que, a pesar de lo patético de la situación, una de ellas era la madre de

Jesús, en tanto que las otras dos tal vez estaban allí para acompañarla.

Ver que un hijo es torturado hasta la muerte es una experiencia terrible para cualquiera y hace falta el respaldo de los amigos.

Se puede hacer un estudio de María a lo largo de la vida de Jesús. Ella se convirtió en discípula de su propio hijo. Es lamentable que se haya distorsionado su función, porque ella nunca dudó del papel que desempeñaba. Desde el principio, supo cuál era la diferencia entre *ella* y *él*. Cuando leemos que estuvo presente en la muerte de su hijo, acción que como mínimo se puede catalogar de noble y valiente, el fanatismo nos estaría enalguecido y careceríamos de sensibilidad humana si no sintiéramos compasión ante la angustia de esa madre que observaba a su hijo padecer en la agonía y el tormento de la cruz.

Todo esto es demasiado significativo y emotivo cuando lo vemos desde el punto de vista de María. Nos compadecemos junto con ella mientras sus instintos maternales se hacían trizas. No obstante, aquí también está presente otro tema. Es probable que a ella no le importara mucho, pero era una cuestión que inevitablemente tendría que enfrentar poco tiempo después. María, la madre de Jesús, tal vez se preguntaba: «Cuando él se vaya, ¿qué pasará conmigo?»

Dado que Jesús era su hijo mayor, es probable que María haya estado durante años dependiendo casi solo de él y bajo su cuidado. Muchos eruditos sugie-

ren que José era mucho mayor que ella y que, luego
de su muerte, Jesús se había hecho cargo del negocio
y también de la responsabilidad de liderar a la familia. Pues bien, en aquel momento se encontraba al
borde de la muerte Aquel que había sido su protector,
su «abrigo» como solemos decir, especialmente en
una sociedad donde las mujeres solían perder todo
derecho tras la muerte de los hombres emparentados
con ellas. Por esta razón, si bien el interés maternal
de María era algo muy noble, es probable que también estuviera preocupada por su futuro. Y una vez
más, este hombre, Jesús, Dios con nosotros, nos enseña un poco más sobre la esperanza para un día sin
esperanza.

Aunque estaba rodeado de confusión y el devenir
de los acontecimientos apuntaban hacia su destruc-
ción, Jesús se ocupó de la grave situación personal
de su madre. Cuando dijo: «Mujer, ahí tienes a tu
hijo» (v. 26); no estaba diciendo: «Madre, mírame y
llora» sino que dirigía la atención hacia Juan. Lo que
en realidad dijo fue: «Mujer [un término respetuoso
casi equivalente a "señora"], este hombre se conver-
tirá en tu protector». Y para completar la transferen-
cia de responsabilidad en relación a su madre, le dijo
a Juan: «Ahí tienes a tu madre» (v. 27).

Por tal motivo, permite que la simple belleza de
la expresión hable por sí misma: Jesús no estaba es-
tableciendo una relación en la que Juan tuviera que
adorar a María sino una responsabilidad doméstica.

Le estaba encomendando el cuidado de su madre a su discípulo más cercano, responsabilidad que la historia registra al decir que Juan fue fiel en aceptar y cumplir. Y al hacer esta encomienda, Jesús nos habla a cada uno de nosotros para que en los días sin esperanza de nuestra vida no permitamos que la angustia nos haga insensibles a las necesidades de aquellos que dependen de nosotros. Esta actitud manifiesta un nivel de grandeza que observé maravillosamente práctica en Vic después de la muerte de Cora.

Sucedió de improviso un martes por la mañana. La esposa de Vic, su compañera en el servicio a Cristo por más de medio siglo; líder amada y confiable, murió repentinamente. Un ataque al corazón la había llevado a la gloria eterna; y Vic, su esposo estaba desconsolado.

Él nunca fue una persona quejumbrosa. No, en absoluto. Durante los días posteriores a la muerte de Cora, nadie escuchó ni una sola palabra de resentimiento. En realidad, el deteriorado estado de salud de Vic más el dolor que todos sabíamos que le partía el alma a ese hombre cuya relación con su esposa había sido tan cercana y preciosa como uno podría llegar a imaginarse, llevó a la mayoría de nosotros a suponer algo obvio: «Él la seguirá muy, pero muy pronto».

JESÚS NOS HABLA A CADA
UNO DE NOSOTROS EN
LOS DÍAS SIN ESPERANZA
DE NUESTRA VIDA PARA
QUE NO PERMITAMOS
QUE LA ANGUSTIA NOS
HAGA INSENSIBLES A LAS
NECESIDADES DE AQUELLOS
QUE NOS RODEAN.

Muchos de nosotros hemos visto casos donde la intimidad de toda una vida parece haber unido de manera particular a una pareja; esto, sumado a la debilidad o enfermedad física y a la edad avanzada, nos hace pensar que el fin de la vida del otro está cerca. Cuando uno de ellos se va, por lo general el otro lo sigue poco tiempo después.

Pensábamos que esto sucedería con Vic. Aunque este sentimiento no era agradable, aun así parecía razonable dada la cercanía entre ellos y la angustia y deterioro físico que él experimentaba. *Va a ser pronto*, pensaba la mayoría de los amigos y familiares. Sin embargo, Vic no siguió de inmediato a su esposa.

Ahora bien, yo era amigo íntimo de Vic, Cora y sus hijos, y también tuve el honor de ser considerado su pastor durante las últimas décadas de su vida, así que un día fui a pasar un rato con él. La conversación se extendió sin prisa y, desde luego, sin mencionar lo que muchos de nosotros pensábamos: que él no sobreviviría mucho tiempo. No obstante, ese día me encontré con un hombre que oraba y que estaba dispuesto a vivir «hasta que pusiera en orden algunas cosas». Era una persona muy práctica y sincera; asumía las palabras del apóstol Pablo cuando dijo: «Me siento presionado por dos posibilidades: deseo partir y estar con Cristo, que es muchísimo mejor, pero por el bien de ustedes es preferible que yo permanezca en este mundo» (Filipenses 1:23-24).

No había arrogancia ni tenacidad humana en la voz de él ni en su interior. Su intención de seguir viviendo no consistía en una búsqueda de supervivencia emocional ni de disposición personal para subsistir como si tratara desesperadamente de seguir viviendo o se sintiera con derecho a manejar su destino. En el ámbito humano habría preferido «ir al cielo», pero había algo en lo que pensaba mucho y estaba muy interesado en llevarlo a cabo. Me sentí profundamente conmovido por su actitud llena de sensibilidad paternal, responsabilidad personal y fervor espiritual.

Durante los meses subsiguientes, seguí en contacto con Vic. Lo veía poco, pero la familia me tenía al tanto de todo: Vic se ocupaba de solucionar temas financieros, pasaba tiempo con los nietos, conversaba sobre asuntos importantes con los hijos y llamaba por teléfono a amigos de toda la vida que todavía estaban vivos, muchos de los cuales tenían más de ochenta o noventa años. Entonces, casi nueve meses después de la muerte de Cora, la hija de Vic me llamó para sugerirme que fuera a verlo, por eso me dijo: «Jack, me parece que decidió que ya terminó de ocuparse de las cosas». Y eso mismo fue lo que él me dijo cuando hablamos por última vez.

Esos nueve meses, así como una mujer antes de dar a luz, se completaron, entonces Vic falleció. Había sido un hombre que siempre se interesaba y preocupaba por los demás, y esas cualidades lo habían convertido en un gran líder espiritual. Por eso, al final de su vida, cuando el día sin esperanza de la partida de Cora lo podría haber inducido a entregarse, se convirtió en un hombre con una misión aún por cumplir. Siguiendo el ejemplo de su Salvador, el cual continuó centrando su atención en las necesidades de aquellos que lo rodeaban mientras colgaba clavado a la cruz aquel tremendo día sin esperanza, Vic se concentró más en vivir que en lamentarse. Resolvió temas relacionados con personas cercanas a él antes de abandonar esta vida para reunirse con el Señor y disfrutar el encuentro celestial con los seres amados que ya se habían ido. En resumen, él no permitió que los días difíciles de angustia lo convirtieran en un hombre sin esperanza ni que interfirieran impidiendo que se ocupara de temas relacionados con aquellos que quedarían en este mundo.

El modelo que nuestro Señor dejó para sus discípulos surge de esta «frase» dicha en el Calvario: «Hijo … Madre». Frase que también nos dice a ti y a mí: cuando atravieses un día malo, no dejes de ocuparte de aquellos que están cerca de ti, porque tal vez seas el encargado de brindarles esperanza. Tendemos a asumir que los que están más cerca reconocen nuestros problemas y que automáticamente los comprenderán junto con nosotros, pero no siempre es así.

¿No sucede muchas veces que uno de los padres llega a casa después de pasar un día terrible en el trabajo y les transmite la irritación y el enojo a los hijos o al cónyuge? La actitud que propaga es la siguiente: «¡Si fue un mal día para mí, lo será para todos!» O tal como dicen esas camisas grabadas: «¡Si mami o papi no están contentos, nadie lo estará!» Sin embargo, este no puede ser jamás el espíritu de un discípulo de Jesús. Dado que soy su discípulo, entonces él insistirá para que ceda todo derecho de requerir que los que me rodean paguen el precio de mi frustración, ¡sin importar lo cercanos que sean! Su enseñanza es clara: si estás atravesando un día difícil, desalentador y sin esperanza, asegúrate de ocuparte de los que están cerca de ti. No les transmitas tu trauma. Tal vez lo compartan contigo (como hicieron María y Juan con Jesús), pero no debes arrojárselo encima, no sea que involuntariamente les agregues un peso innecesario.

Recuerda que la mejor manera de experimentar esperanza en un día que parece sin esperanza es actuar como lo hizo Jesús; y él siempre tiene más interés en los demás que en sí mismo.

❉ ❉ ❉

¿Alguna tragedia personal hizo que perdieras la esperanza? La alabanza es el camino para recuperarla. Cuando contrarrestamos el enojo, la angustia y el corazón quebrantado con una alabanza llena de fe, nuestra tristeza se convierte en gozo y nuestro temor en fortaleza. Por favor, lee Salmos 46—47.

CAPÍTULO SEIS

HAZLE LAS PREGUNTAS DIFÍCILES A DIOS, NO A LOS HOMBRES

«Dios mío, Dios mío, ¿por qué me has desamparado?»

MATEO 27:46

Aquí está el cuarto principio para tener esperanza en un día sin esperanza: *hazle las preguntas difíciles a Dios, no a los hombres*. Quizá sea la frase más dramática que se dijo en el Calvario. Resuena con una angustia patética y emocional, y nada la dramatiza de manera más apasionada que el clamor conmovedor del Hijo de Dios atormentado por una sensación de abandono en el momento más oscuro de ese día sin esperanza: «¿Por qué? ¿Por qué? ¿Por qué me desamparaste ahora?»

Las palabras exactas que Jesús exclamó son una cita directa del Salmo 22, un cántico que para ese entonces ya tenía mil años, un poema lírico donde David profetizó lo que sucedería antes de que nadie se imaginara que el Mesías divino sería el que atravesaría esa agonía. Lee conmigo para vislumbrar parte de su contenido:

«Dios mío, Dios mío, ¿por qué me has abandonado? Lejos estás para salvarme, lejos de mis palabras de lamento. Dios mío, clamo de día y no me respondes; clamo de noche y no hallo reposo ... Cuantos me ven, se ríen de mí; lanzan insultos, meneando la cabeza: "Éste confía en el Señor, ¡pues que el Señor lo ponga a salvo! Ya que en él se deleita, ¡que sea él quien lo libre!" Pero tú me sacaste del vientre materno ... Fui puesto a tu cuidado desde antes de nacer; ... No te alejes de mí, porque la angustia está cerca y no hay nadie que me ayude. Muchos toros me rodean; ... Contra mí abren sus fauces leones que rugen y desgarran a su presa. Como agua he sido derramado; dislocados están todos mis huesos. Mi corazón se ha vuelto como cera, y se derrite en mis entrañas. Se ha secado mi vigor como una teja; la lengua se me pega al paladar. ¡Me has hundido en el polvo de la muerte! Como perros de presa, me han rodeado; me han cercado una banda de malvados; me han traspasado las manos y los pies. Puedo contar todos mis huesos; con satisfacción perversa la gente se detiene a mirarme ... Pero tú, Señor, no te alejes; fuerza mía, ven pronto en mi auxilio» (vv.1-2,7-17,19).

Este fue el clamor del salmista expresado en el espíritu de pureza que Dios recibe con agrado de parte de aquellos que lo adoran. Las lágrimas están en su presencia porque él no es la fuente que las produce. Las quejas están permitidas porque solo él puede suplir las necesidades. El consejo que aparece en el Salmo 142 nos invita a invocarlo en las horas oscuras: «A voz en cuello, al Señor le pido ayuda ... Ante él expongo mis quejas» (vv. 1-2).

Una vez más, el mensaje es claro: hazle las preguntas difíciles a Dios. Quizá no obtengas respuesta de inmediato, pero puedes dar por cierto dos cosas: primero, tu clamor nunca llegará a oídos sordos; y segundo, el tiempo siempre brindará una respuesta mejor para ti.

Discernir todas las implicancias de este lamento que brota de los labios de Jesús a causa de la dolorosa separación parece ir más allá de toda compresión humana. Podríamos llegar a imaginarnos su voz quebrada y la angustia de su corazón, ¿pero quién puede sondear el misterio de la separación que estaba teniendo lugar o la profundidad del dolor que golpeaba el alma del Hijo de Dios? Este clamor generado por la agonía interna no era una representación teatral que buscaba producir un efecto melodramático. ¡No! Esta era la segunda Persona de la Trinidad al experimentar una ruptura de la comunión que había tenido con el Padre eterno desde antes de la creación de todas las cosas. Y esa separación, la causa del abandono que desgarraba la mente de Señor, se produjo porque Jesús («que no cometió pecado alguno») estaba siendo hecho pecado por nosotros «para que en él recibiéramos la justicia de Dios» (2 Corintios 5:21).

Este concepto supera las mentes teológicas más brillantes y anula la imaginación de todo el que concientemente quiera medir el alcance de esta realidad. Y si bien la Biblia lo explica en las palabras del anterior verso y el salmista lo profetizó mucho antes de que el Hijo se convirtiera en carne para cumplir su obra salvadora a nuestro favor, no creo que ningún ser humano pueda llegar a captar la profundidad del misterio que ocurría en ese instante. No obstante, sí sé dos cosas que son claras:

Primero, como Hijo de Dios, Jesús está padeciendo en persona el cumplimiento divino de la antigua lección provista mediante el símbolo antiguotestamentario del macho cabrío, el animal que cargando el pecado era arrojado fuera del campamento para llevar toda la culpa del pueblo. En su muerte, Jesús está asumiendo a plenitud tanto la culpa como la pena por *todos los pecados de todos los tiempos,* destino que solo se puede explicar al considerar que la cualidad de Salvador *impecable* permitía que *todos los pecados* se acumularan en su Persona. ¡Por eso, al morir, destruyó completamente el poder del pecado, a fin de recuperar para siempre la autoridad sobre aquellos que colocan sus vidas dentro del ámbito redentor del Cristo resucitado!

Segundo, como Hijo de hombre, Jesús está luchando con una depresión tenebrosa e inexplicable que va más allá de toda descripción y capacidad de resistencia si no fuera por el poder milagroso y sustentador del Espíritu Santo. Hebreos 9:14 nos dice que esa gracia fue lo único que le permitió entregarse por completo a Dios como sacrificio a nuestro favor. Aun así, aparte de su deidad y de la fortaleza divina para cumplir ese destino eterno y cósmicamente global, el Cordero de la cruz también era plenamente humano y se sintió devastado por el vacío que le producía la ausencia del Padre, por lo cual clama con amargura mientras bebe la copa que en Getsemaní había rogado pasar por alto.

Este es el momento central del Calvario; es la cuarta de las siete frases. Está repleta de preguntas, de oscuridad, de un sentimiento de abandono definitivo… *¡abandonado por Dios!* Aunque ninguno de nosotros haya experimentado el grado de depresión que atravesó Jesús, sí hemos tenido momentos cuando nos preguntamos: «Dios, ¿por qué?» Es, pues, allí donde sabemos que no solo tenemos un Salvador que ya pasó por esa situación y entiende nuestra desesperación sino que también nos dejó su ejemplo para indicarnos cómo actuar. Por eso, cuando atravieses un día angustioso y sin esperanza, o lo que es peor aún, cuando sientes que perdiste contacto con el cielo y te envuelve la soledad, hazle las preguntas difíciles a Dios, no a los hombres.

¿Por qué? Porque en las horas más oscuras de la vida por lo general no hay seres humanos que tengan respuestas adecuadas. Los consejeros pueden analizar, los compañeros pueden compadecerse y los amigos experimentados pueden comprender, pero las mentes finitas y la carne débil nunca pueden satisfacernos brindándonos la presencia que buscamos, porque lo que realmente buscamos es a Dios mismo, no «respuestas». Cuando los «días malos y grises» se vuelven negros por la falta de respuestas, y todo lo que creíste saber no sirve, olvídate de las filosofías humanas o de las teologías complicadas. Clama a Dios, pues a él no le importa que nos quejemos. Aunque parezca que está ausente, nunca está lejos. Pregúntale a mi amigo Bill.

El negocio había fracasado. Para su compañía, esto implicaba una elevada suma multimillonaria en dólares que llegaba hasta siete dígitos. Después de meses de planificación minuciosa desde el punto de vista humano y más de dos años de oración para buscar la voluntad y la sabiduría del lado divino, como gerente general, Bill había conducido a su compañía al punto de efectuar una adquisición trascendental. Los fondos estaban disponibles y se les presentaba la promesa de una amplia gama de nuevas posibilidades. A todos los accionistas se les había informado acerca de la inminente compra, cosa que la prensa observó expectante dada la característica innovadora del emprendimiento. Además, lo mejor de todo era que Bill tenía perfectamente claro que Dios lo respaldaba para llevar adelante el plan.

Aunque la adquisición produciría ganancias exorbitantes, Bill estaba tranquilo delante del Señor. Durante los meses previos había orado una y otra vez, a fin de colocar la situación delante de Dios. Junto con su esposa Marie habían orado juntos y con humildad diciendo: «Querido Padre, lo único que deseamos para nuestra compañía es hacer tu voluntad, tal como te lo pedimos anteriormente para nuestro matrimonio. Tú eres el centro de nuestras vidas, no el éxito ni las riquezas ni el reconocimiento. Señor, queremos que nos dirijas y nos bendigas según tus propósitos, y que todas las ganancias y beneficios que produzca sean tuyos en su totalidad, no como un soborno para asegurarnos tu bendición sino como un sacrificio que glorifique tu nombre».

Entonces hubo alguien que complicó las cosas, y el mundo entero comenzó a «desintegrarse» alrededor de Bill como si fuera una nave espacial que explota sobre la plataforma en Cabo Kennedy, donde la torre de lanzamiento se desprende con violencia de la base y toda la estructura se hace trizas. El negocio fracasa por completo, y lo que es peor aún, la otra compañía, que aparentemente había celebrado el contrato de buena fe, no solo violó las cláusulas detalladamente elaboradas sino que también conspiró en secreto para que pareciera que Bill era el culpable.

Sumado a su frustración estaba el hecho de que el gerente general de la otra compañía decía ser cristiano y que, en muchos aspectos, se lo consideraba un hombre con valores espirituales y principios morales elevados. Sin embargo, movido por sus propios temores y atrapado en una dificultad recientemente surgida, pero autoimpuesta, el otro líder dio vuelta a las cosas para protegerse a sí mismo y dejar de lado el contrato al aducir que Bill era el causante del problema. Decían que Bill había provocado el fracaso del negocio. Su sabiduría para el liderazgo era cuestionada y su integridad como empresario se estaba desmoronando. Sin embargo, había una «salida».

La deshonestidad de la otra empresa y su trama conspiradora para ensuciar la reputación de Bill se podían recusar fácilmente ante un tribunal. Aunque el negocio fracasara, lo único que Bill tenía que hacer era inscribir la causa y presentar las acusaciones que lo reivindicarían. Entonces el Espíritu Santo enfrentó a Bill en medio del dilema: la Palabra de Dios lo llamaba a dejar de lado la sabiduría humana y simplemente confiar con el fin de superar la tragedia.

Ante las dudas de los accionistas que pendían sobre él como un aguacero a punto de desencadenarse y los informes negativos que recibían los perplejos empleados acerca de su anterior confiable líder, Bill clamó a Dios. Tentado por la amargura, apuñalado por la angustia y destruido por la confusión, exclamó: «¡Dios, no entiendo nada! Tú conoces mi corazón. Sabes que te busqué a cada instante. Señor, ¿por qué me está pasando esto? No me importa perder una potencial expansión; ¡tú lo sabes! Sin embargo, ¿por qué me expones a las garras de la injusticia?»

Su queja por la situación devastadora de haber buscado la dirección del Señor, haber recibido claridad y paz para proceder y luego sentir que había sido abandonado por Aquel a quien más había procurado agradar fue colocada delante del trono de Dios. No fue un acto de rebeldía desafiante sino el clamor agónico de un hijo. Se inclinó en oración, doblegado por la tortura física de un alma que no soportaba más. Entonces, durante ese período de clamor angustioso delante del trono divino, llegó el día en que la Palabra de Dios resonó en su interior diciendo: «No demandes a tu hermano ante la justicia. No te defiendas, sino permite que yo sea tu Defensor» (cf. 1 Corintios 6:1-7; Salmo 7:10; 59:16-17; 62:1-8).

Al recordar las palabras del Salvador anticipadas en el Salmo 22, y que dieron origen al clamor de Jesús en la cruz, «Dios mío, Dios mío», Bill recibió la ayuda necesaria para concluir la lucha y tomar una decisión. ¿Cuál fue? Pues bien, «se podrá frustrar el negocio y acabar con mi reputación, pero no me voy a defender». Todo consejo humano diría lo contrario, pero Bill decidió presentar sus quejas, sus dudas y su defensa únicamente ante Dios. El resultado exitoso de su decisión es casi imposible de creer cuando la duda, el temor y la ira humana ante la injusticia por lo general recomiendan vengarse y tomar represalias. Sin embargo, después de un largo período durante el cual Bill enfrentaba a diario la necesidad de seguir confiando en el Señor para dejar la causa en sus manos y cuando daba la impresión de que las cosas no iban a cambiar nunca, la cuestión se solucionó por completo. El acuerdo se reestableció, ninguna de las partes fue afectada, todas las injusticias se enmendaron y Bill nunca reveló al público los detalles completos de la historia... ni siquiera después de que todo terminó.

Hay que pagar un precio para convertir a Dios en el punto de referencia cuando las preguntas difíciles que surgen durante un día sin esperanza te atormentan la mente y te torturan el alma. Es el precio de escuchar sus respuestas y decidir si te vas a someter a sus métodos en lugar de aplicar los tuyos. Aun así, la verdad inconmovible permanece y la Palabra de Dios confirma una y otra vez la certeza inmutable y eterna que pone de manifiesto lo siguiente: tu clamor nunca llegará a oídos sordos, siempre habrá una respuesta en el momento preciso y esa respuesta será lo mejor para tu vida. Siempre.

※ ※ ※

¿Hubo algún acontecimiento inexplicable que, siquiera por un instante, te hizo dudar de las promesas de Dios? ¿Te resulta difícil seguir teniendo esperanza cuando no puedes ver lo que hay por delante? Jesús nos asegura que *él* es el principio y el fin, y que «el que salga vencedor heredará todo esto» (Apocalipsis 21:7). Ahora, te invito a que leas Hebreos 11.

CAPÍTULO SIETE

SE LO SUFICIENTEMENTE HUMANO COMO PARA RECONOCER TU NECESIDAD

«Tengo sed»

JUAN 19:28

Entre las frases que Jesús dijo en la cruz, la quinta y sexta están ligadas de forma particular. Aunque el contenido es básicamente diferente, el relato del Evangelio de Juan 19:28-30 deja en claro que el Señor pidió agua para beber por un motivo elemental. Si bien la experiencia terrible de la crucifixión sería más que razón suficiente para clamar que le dieran algo de beber, el simple hecho de calmar la sed no era lo más sobresaliente. La horrorosa extenuación, el sudor en medio del trauma y la pérdida de sangre se combinaban para producir una deshidratación inmediata. Además, Jesús ya había rechazado el ofrecimiento de una bebida que incluía un componente para adormecer el dolor que no solo le habría calmado un poco la sed sino que probablemente también le hubiese reducido la agudeza mental (cf. Marcos 15:23). En cambio, el Cordero del Calvario prefirió mantener el control de sus sentidos porque su agenda no incluía huirle al dolor ni recibir ningún alivio temporal.

La única razón de que el Señor pidiera algo para beber se relacionaba con lo que estaba por decir después. El contexto bíblico no deja ninguna duda al respecto. Cuando el Verbo encarnado estaba a punto de dar su último mensaje, un mensaje para todos los tiempos proclamado por primera vez desde el excelso púlpito de la cruz, sintió necesidad de humedecer la garganta. El anunció que haría no daba lugar ni a tartamudeos ni ahogos sino que debía ser expresado a viva voz para que la humanidad entera a lo largo de toda la historia pudiera escucharlo. Sin embargo, a fin de prepararse para esa ocasión, Jesús necesitó ayuda.

Permíteme enfatizar en detalle este concepto, porque en ese día terrible y desesperanzado hay un concepto muy práctico para las lecciones del discipulado. No te confundas, Jesús estaba muriendo, pero al mismo tiempo tenía la situación bajo control. Todo lo que sucedía era por decisión *suya*. Es verdad que podría haber convocado una hueste de ángeles para que lo libraran y que nadie podía quitarle la vida, pero él decidió entregarla.

Este concepto, su poder para *escoger* lo que quería, es esencial para entender la verdad que aparece a continuación y que es tan importante para nosotros cuando atravesamos días sin esperanza. Aquí está:

La acción de Jesús al pedir agua es un recordatorio de que nadie tiene tanto control ni es tan espiritual ni autosuficiente como para poder atravesar un día malo o sin esperanza sin la ayuda de otras personas.

La lección para nosotros hoy no solo se centra en lo que Jesús hizo sino en *por qué* dio a conocer su necesidad. Tal como señalamos, su propósito era expresar con claridad la declaración que estaba a punto de hacer y también las similitudes que tiene con nuestros días sin esperanza.

Un día sin esperanza puede empañar nuestra perspectiva y ensuciar nuestro vocabulario, oscurecernos la mente y llenarnos el corazón de incertidumbre o tentarnos a emitir conceptos basados en una sabiduría dudosa, a menos que estemos dispuestos a permitir que otros sepan cuál es nuestra necesidad. En medio de un día sin esperanza, humillarte para pedir la ayuda de otras personas puede también demostrar hasta qué punto confías en Dios. Este concepto no pretende impulsarte a buscar refugio intrascendente en alguien que te consuele después de escuchar tus quejas llenas de autoconmiseración sino que, así como la bebida que le ofrecieron a Jesús, si bien era amarga, lo ayudó a expresar con claridad la confesión de fe que estaba por hacer: tú y yo necesitamos el estímulo que podamos darnos mutuamente.

Esto fue sin dudas lo que Anna y yo descubrimos después de aquel día angustioso cuando sonó el teléfono para informarnos sobre el resultado de la biopsia del pólipo que le habían extirpado del colon a mi esposa.

Pocas cosas parecen paralizar la fe con más rapidez que esta sola palabra: *cáncer*. Mantener la fe parece ser una forma de negación ante la realidad monstruosa de la continua cosecha de multitudes que lleva a cabo esta enfermedad atroz. A pesar de los esfuerzos de dedicados investigadores y los beneficiosos progresos obtenidos en la batalla contra este enemigo siniestro, cuando el cáncer toca a tu familia, el mundo se te viene abajo y todo se oscurece de repente a causa de un día malo en extremo.

Ninguno de los dos olvidaremos nunca el largo camino que recorrimos esa tarde en el automóvil después de la llamada telefónica. El médico fue sensible, amable y comprensivo, pero también actuó de manera profesional, directa y realista. Se podían hacer una serie de cosas: decidirse por la cirugía, determinar los tipos de tratamiento posquirúrgico y llevar a cabo ciertos procedimientos que no ofrecían ninguna garantía. Solo se podían citar porcentajes muy bajos respecto a la probabilidad de remoción o remisión de la enfermedad.

Aquel día sin esperanza era en realidad una tarde soleada de primavera. La apacible belleza que habíamos intentado disfrutar durante el trayecto por aquellas montañas cercanas al conversar con voces a menudo quebradas y al borde de las lágrimas ante la peor de las perspectivas nos brindó poco consuelo.

Aunque mi mano izquierda se mantenía aferrada al volante, la derecha estaba siempre en contacto con Anna mientras discutíamos todas las posibilidades. Yo la tenía tomada de la mano y, de vez en cuando, la acariciaba con ternura mientras que en otras ocasiones le daba palmaditas en la rodilla para transmitirle tranquilidad. A veces solo le tocaba el antebrazo y pensaba que ese mismo «estuche» físico que contenía a la persona que yo más amaba en este mundo también acarreaba sobre sí una sentencia de muerte.

Nuestra conversación no fue fatalista.

Durante años, Anna y yo oramos por cientos de personas, vimos mucha gente preciosa que se curó, pero también varios que murieron. Ahora nos encontrábamos en una situación en la que necesitábamos algo más que nuestras oraciones personales. Sí, teníamos médicos excelentes que se ocupaban de ella y estábamos seguros de sus capacidades para brindar las mejores perspectivas. Sí, también sabíamos que, por sobre todas las cosas, su vida, e indudablemente la nuestra como pareja, estaba en manos de nuestro Padre amoroso. Y sí, también tenemos una familia llena de amor que sin duda se preocupaba por nosotros y nos respaldaba. Sin embargo, teníamos una duda: ¿qué le diremos a la congregación?

Hay ciertas dificultades vinculadas al alto privilegio de estar a cargo de una iglesia muy grande. Para un observador casual puede resultarle impresionante escuchar hablar acerca de diez mil miembros, pero cada uno de ellos es sencillamente una oveja del rebaño del gran Pastor. Al margen de la cantidad de personas que te llaman «pastor», de servirles aun cuando uno mismo es tan solo otra oveja del rebaño y servir al Señor como una simple oveja que pastorea a las otras, a veces se necesita sabiduría para decidir hasta qué punto se debe compartir la carga personal con los demás.

En nuestro caso, no se trataba de no querer demostrar que éramos «humanos». Por el contrario, nunca intentamos escondernos ni pretender estar «por encima» de las cosas elementales, que son comunes a toda la humanidad. Tampoco nos sentíamos obligados a manifestar un gran optimismo ni a confirmar místicamente y con absoluta certeza nuestra esperanza de que Dios reivindicaría nuestra fe o revalidaría nuestro ministerio al hacer un milagro. Más bien, nuestra duda sobre cuánto debíamos comunicarle al rebaño se debía a una mezcla de sentimientos o preocupaciones tales como: primero, no afectar emocionalmente a la congregación con respecto a nuestro problema cuando siempre hay personas en la iglesia que necesitan más amor y respaldo que nosotros mismos; segundo, no desanimar a aquellas ovejas débiles que, por ser jóvenes o frágiles en la fe, cuando

EN MEDIO DE UN DÍA SIN
ESPERANZA, HUMILLARTE
PARA PEDIR LA AYUDA DE
OTRAS PERSONAS PUEDE
TAMBIÉN DEMOSTRAR HASTA
QUÉ PUNTO CONFÍAS EN
DIOS.

alguien que consideran que está más allá de las dificultades enfrenta algo tremendo, se anulan o retroceden indebidamente en relación al concepto que tienen de Dios; y tercero, preguntarse hasta qué punto el dar a conocer en público la enfermedad de Anna haría que muchas personas con buenas intenciones, pero equivocadas, se acercaran queriendo «imponerle las manos» u ofreciendo consejos sobre terapias alternativas. No éramos reacios a ningún tipo de tratamiento que nos indicaran, pero sí dudábamos sobre cuántas propuestas seríamos capaces de tolerar una vez que informáramos sobre su estado, aun cuando se ofrecieran con la mejor intención.

Aquel día hablamos y oramos hasta que llegamos a la única conclusión que consideramos consistente tanto con la Palabra como con el Espíritu de Dios, principio que siempre ha sido nuestro punto de referencia más acertado y definitivo. Durante los días siguientes nos reunimos con algunos miembros clave del equipo de trabajo y con los ancianos de la iglesia para transmitirles toda la situación. Como era previsible, recibimos su respaldo amoroso y la confirmación de que estaban de acuerdo con nuestra decisión.

El domingo siguiente, ocho días después de escuchar el informe médico, nos presentamos ante la congregación. Los ancianos habían hecho los preparativos para celebrar la cena del Señor mientras estábamos reunidos en la presencia de Dios. Antes de mencionar el estado de Anna, expuse un breve mensaje sobre la necesidad mutua que tienen los miembros del cuerpo de Cristo (cf. Romanos 12:4-5; 1 Corintios 12:12-26). Luego expuse los aspectos relacionados con la condición física de Anna y hablé de nuestro deseo de no distraer la atención de la congregación de temas más importantes debido a la preocupación y el afecto para con nosotros.

En resumen, al igual que Cristo en la cruz, estábamos reconociendo que teníamos «sed». No buscábamos acaparar la atención ni hacer que sintieran lástima sincera por nosotros sino que, mediante una sabiduría pragmática aplicada a una situación difícil, nos ayudaran a poner en práctica una declaración de fe, esperanza y paz, ya sea con la vida o con la muerte.

Fue uno de los días más memorables en la vida de la congregación. Hubo lágrimas, pero no se originaron ni en el temor ni en el desánimo. Hubo expresiones de aliento que no surgieron del entusiasmo religioso ni del triunfalismo legalista sino que fueron impulsadas por el Espíritu Santo en medio de la prueba. Hubo gozo en la conmemoración de la cena del Señor al participar juntos y hacer memoria de la victoria de Jesús en el Calvario más allá de la aparente pérdida; allí también nos aferramos a la promesa de la esperanza de la sanidad. Los ancianos ungieron a Anna con aceite en el nombre del Señor Jesucristo y la congregación se elevó en alabanzas a Dios por su Palabra, que nos sostiene en todas las pruebas de la vida y va delante de nosotros hasta alcanzar la victoria final.

Los resultados se pusieron de manifiesto en los días, semanas, meses y años siguientes. Primero, los miembros de la congregación se mantuvieron firmes a nuestro lado cuando atravesamos la tremenda prueba de la cirugía de Anna y el período posquirúrgico, pero no se dejaron vencer por una preocupación excesiva ni les afectó emocionalmente. Siempre existió un interés bondadoso; agradecemos que la solicitud arrogante haya estado ausente.

¡Finalmente, Anna se curó!

No, no fue de forma instantánea. Sí, las manos de los cirujanos hicieron su parte. No, no quedamos liberados de inmediato de los miedos. Sí, se pusieron en práctica mucha oración y fe, que dieron como resultado una esperanza enorme que va más allá de lo comprensible y una paz que no se puede explicar. Y sin duda, se produjeron acontecimientos notorios en medio de toda la experiencia angustiosa que superaron la sabiduría o capacidad humanas, resultados que nuestro médico tuvo la libertad de reconocer como manifestaciones de una providencia bondadosa. En todo lo sucedido, esa providencia, nuestro amante Señor, superó los mejores resultados que pueden llevar a cabo los tratamientos médicos y puso de manifiesto su mano misericordiosa al brindarle una recuperación total. ¿Por qué? La verdad es que no se debió a merecimiento alguno de nuestra parte sino indudablemente a la colaboración conjunta de toda una congregación que nos escuchó decir: «Necesitamos ayuda para recorrer el sendero con claridad y fe».

La quinta frase de Jesús en el Calvario nos invita a conocer este aspecto del discipulado, en especial cuando enfrentamos días sin esperanza. Una cosa es fortalecernos personalmente y luchar con firmeza frente a las tormentas de los días malos de la vida, pero otra muy distinta reconocer con humildad que nos necesitamos unos a otros. Este es un principio ineludible e importante que debemos poner en práctica: si el Hijo de Dios pidió ayuda durante el Calvario, es sabio recordar que habrá ocasiones cuando necesitemos pedir ayuda, dado que la asistencia humana es un instrumento de la gracia divina. No es ni inmadurez ni autoconmiseración; es el equilibrio que expresan las palabras de Gálatas 6 en una aparente contradicción: «Que cada uno cargue con su propia responsabilidad» (v. 5); para luego agregar: «Ayúdense unos a otros a llevar sus cargas, y así cumplirán la ley de Cristo» (v. 2). Sin embargo, las palabras específicas del texto original diferencian nuestras «responsabilidades» personales (cf. v. 5) de las «cargas» que la vida a veces coloca sobre cada uno de nosotros.

La persona de Jesús nos ofrece el modelo exacto: él no busca ser librado de la responsabilidad sino que necesita ayuda para sobrellevar la carga física.

Y cuando vemos al Salvador exclamando: «Tengo sed»; también vemos otro principio de esperanza para un día sin esperanza: en los momentos difíciles necesitamos la asistencia de los demás para que nos ayuden y permitan expresar con claridad la confesión de nuestra fe. Además, cuando la desesperanza intente resecarnos el alma, necesitamos manos que afirmen las nuestras y nos ayuden a beber en abundancia las aguas refrescantes que apagan las llamas infernales de la duda y el temor, y disipan el humo que me empaña la vista para que, por la gracia de Dios, pueda ver la esperanza que contienen los días que el Señor tiene preparados para nosotros en el futuro.

❋ ❋ ❋

¿No te animas a ser sincero y transparente con las demás personas? ¿Alguna vez alguien te dijo: «No te hagas ilusiones»? Cuando colocamos nuestra fe en Jesucristo, nos convertimos en miembros de su cuerpo, unidos a su vida abundante *en el día de hoy* y a la esperanza eterna para siempre jamás. Por favor, lee Efesios 4.

CAPÍTULO OCHO

TEN LA SEGURIDAD DE QUE HAY UN PROPÓSITO Y UN FINAL

«Todo se ha cumplido»

JUAN 19:30

Tetelestai: ¡consumado es!

El término más significativo del Nuevo Testamento griego se traduce con la declaración más victoriosa. Contiene al mismo tiempo una profecía y un veredicto. Jesús, el Hijo, profetiza la consumación momentáneamente pendiente de su obra salvadora y, *aun antes del final de la crucifixión*, anticipa el veredicto del Padre y su definitiva intervención.

El sacrificio expiatorio del Cordero estaba consumando la salvación eterna. La liberación de la humanidad era tan factible como la emancipación de Israel de Egipto hacía más de un milenio. El amanecer de la redención del mundo había comenzado y, junto con esta, se rompían las cadenas de la esclavitud del hombre al pecado, la vergüenza y la condenación.

Si bien estas palabras expresadas por el Salvador desde la cruz fueron las más dramáticas, no fueron las últimas. Poco tiempo después encomendaría su espíritu en las manos del Padre, pero ya se siente confiado y, por esta razón, se registra su declaración de triunfo. En ese momento se establecen las bases en dos aspectos: los seres humanos caídos son de nuevo recibidos a la comunión con el Padre y los poderes del mal son despojados del control tenebroso y condenador que ejercen sobre la humanidad.

La esencia de la magnificencia de estas palabras es el carácter distintivo que posee como declaración de fe. Aunque la victoria aún no se observa, el ultimátum que expresan es definitivo. «Todo se ha cumplido» es la invitación del Hijo de Dios para que nos unamos a él en la certeza de que *ahora, debido a la cruz, no hay nada con lo cual nos enfrentemos que no tenga un propósito ni un final.*

Toda lucha que se produzca tendrá sentido. Todo sufrimiento que se experimente se acabará.

El Señor no solo anuncia la acumulación plena de la salvación sino que, cerca del clímax de su día difícil, nos invita a aferrarnos a esta verdad cada vez que agonicemos en medio de las jornadas sin esperanza que atravesemos en nuestra vida. Él nos enseña a vivir con base a los siguientes conceptos fundamentales:

Primero, debemos saber que nunca enfrentamos ningún ataque de la carne, del diablo, de las circunstancias ni de la debilidad personal donde la mano de Dios no esté presente, poderosa y dispuesta a obrar en medio de las situaciones… y aun más allá de las mismas. Esto no significa que Dios planifique todas las cosas malas que le suceden a la gente. Las cosas impías que se originan en la repugnancia del infierno o en el pecado, la rebelión y el fracaso humanos generan dificultades. Sin embargo, más allá de todo esto, la herencia que se nos prometió es que Dios, al final, nos librará.

Segundo, las palabras de Jesús: «Todo se ha cumplido»; deben inducirnos a creer que, aun antes de que acaben nuestras experiencias personales difíciles, tenemos el privilegio de poder invocar la presencia y el poder soberanos de Dios para que inunden nuestros días sin esperanza y desplieguen su gracia triunfante para llevar a cabo los propósitos divinos. La propuesta más increíble del universo es que el Soberano de toda la creación esté aguardando la invitación de parte de seres humanos frágiles. Entonces, una vez que lo invitan, el poder trascendente del Padre está dispuesto a intervenir con una sabiduría y potestad que supera cualquier cosa que haya provocado las peores situaciones de nuestros días sin esperanza.

La cruz comprueba este concepto. Cuando experimentes un día difícil, no esperes ser capaz de «comprender» en medio de la lucha todos los alcances de la obra redentora de Dios. Tampoco dudes de la verdad que alberga el proceso. Su clamor: «Todo está consumado»; es nuestro llamado a aferrarnos firmemente a esta verdad: su poder soberano, al final, conquistará la jornada.

El bebé de Karl y Pámela murió. La terrible experiencia había durado varios meses. Una horrorosa invasión cancerosa estaba inundando el pequeño cráneo del niño y, al amanecer de aquel domingo, el teléfono sonó en nuestra casa. Le expresé unas breves palabras compasivas a la familia amiga que llamó para decirme que el bebé había sucumbido ante la muerte y, casi de inmediato, salí para el hospital. Karl y Pam eran una pareja espiritualmente madura de nuestra congregación. En el pasado tuvieron tres hijos y ahora abrigaban la esperanza de que Jason se recuperara. De este modo, mantendrían la igualdad en la familia al tener «dos varones y dos nenas».

El día anterior había llorado junto con ellos mientras inclinábamos la cabeza en oración y yo expresaba la única frase que el Señor había colocado en mis labios: «¡Obra en este niño *para que viva*, oh Señor, *para que viva*!» No podía orar de ninguna otra manera ni tampoco expliqué por qué oraba de ese modo. He escuchado informes maravillosos acerca de milagros, especialmente en casos de niños, donde intervenciones reconstructivas y creadoras de Dios transformaron circunstancias al parecer inútiles en resultados triunfantes. La congregación de nuestra iglesia atravesó pequeñas experiencias relacionadas con algunos de estos milagros, pero nunca tuve el privilegio ni la responsabilidad personal de declarar antes que sucedería algo así. No obstante, en una oración apasionada había pedido: *«¡Para que viva!*

¡Para que viva!» Sin embargo, a la mañana siguiente iba camino a consolar a una pareja que se encontraba viviendo una situación donde la muerte al parecer había triunfado.

Doblé en la esquina de la calle donde vivíamos y frené ante la luz roja que había en el cruce de calles. Todavía era temprano, no había nada de flujo vehicular y, mientras frenaba, observé un objeto pequeño en el camino. Cuando me acerqué a la acera (no había automóviles detrás que me apuraran cuando me detuve), me sentí extrañamente impulsado a bajar para ver qué era. No hay otra manera de explicar el impulso que sentí ni la escena que observé más que atribuírselo al Dios viviente que obra señales y también milagros. Un gorrión muerto yacía en la calle... ¡con la cabeza por completo cortada! En el mismo momento en que lo vi, una «voz» en lo profundo de mi ser, y que no lo generó el razonamiento humano, susurró un mensaje con claridad y precisión: «Ni uno de ellos caerá a tierra sin que lo permita el Padre ... Así que no tengan miedo; ustedes valen más que muchos gorriones» (Mateo 10:29,31).

Luego de regresar al auto, seguí conduciendo hacia el hospital con los ojos desbordados de lágrimas y la mente sumida en un torbellino, aun cuando mi espíritu se elevaba al percibir de manera profunda el propósito divino que inundaba la situación que Karl y Pam experimentaban. Sin importar lo que otros pudieran decir, sabía que había visto una señal porque era imposible explicar por qué el pájaro yacía en ese lugar sin cabeza, a menos que tuviera algún propósito divino. Si un gato hubiese atrapado el ave cortándole la cabeza, se habría comido todo el cuerpo. Si un automóvil lo hubiera atropellado, la cabeza estaría sobre el pavimento. Sin importar si fue o no alguna coincidencia o accidente divino lo que vi, un mensaje me fue expresado con claridad: *¡este bebé cuya cabeza fue arrebatada se ha ido, pero Dios quiere que recuerden que el niño es hermoso y muy preciado para el Padre!*

Que sintiera esto de manera tan intensa era una cosa, pero otra muy distinta sería cómo comunicárselo a una pareja desconsolada. Me daba la impresión de que, dejando de lado la convicción que tenía, esto podría parecerles algo artificial y provocado por el dolor. Sin embargo, mi vacilación desapareció cuando entré a la habitación del hospital donde Karl, Pam y la pareja que me había llamado por teléfono estaban abrazados alabando a Dios y adorándole por su bondad. No eran delirantes religiosos ni fanáticos charlatanes que fantasean indiferentes ante una tragedia y muestran una amplia sonrisa citando la trillada frase: «Todo está bien si crees que es así». Por el contrario, estas eran personas honestas envueltas por la gracia de Dios y persuadidas mediante la presencia consoladora del Espíritu Santo, que les hizo entender que, más allá de la tragedia, el Señor estaba obrando parar realizar algo grandioso. No culpaban de lo sucedido ni a Dios ni a la falta de fe en él. No ironizaban con eslóganes teológicos ni opiniones filosóficas. Más bien, se sentían refugiados en los brazos del Padre y consolados con el latir tranquilizador de su corazón: *hay un propósito en la corta vida de Jason y también un final para la tristeza que experimentan.*

Me saludaron con cálidos abrazos mientras me describían cómo Dios les había preparado con ternura el corazón para la ida del niño, tras lo cual elevé una oración de alabanza junto a ellos. Entonces, al percibir que el Espíritu Santo había llevado a cabo una obra tan maravillosa en el corazón de estas dos personas desconsoladas, me arriesgué a contarles la experiencia que había tenido mientras conducía hacia el hospital. Para ese entonces, la respuesta era predecible. Nadie necesitó esforzarse para entender lo que les conté, como si la reacción estuviera demostrando el nivel de espiritualidad que tenían. Se conmovieron y dijeron: «Es verdad, pastor Jack, el Señor está enfatizando ese concepto. No solo obró aquí y ahora de manera liberadora al quitar el dolor del aguijón de la muerte de nuestros corazones sino que también nos confirmó que hay un propósito y no solo una tragedia en todo esto».

«De la tragedia al triunfo» se convirtió de inmediato en el tema del día. La gracia divina inundó de tal manera la ocasión que no pude evitar sugerir algo: «Karl, Pam, quiero pedirles permiso para hacer algo. No quiero hacer nada que dé la impresión de que uno está aprovechando la emoción del momento, ¿pero se ofenderían si le relatara esta experiencia difícil a la congregación y las cosas que sucedieron esta mañana?» No podía creer lo que estaba escuchando. Eran las 6:45, y la primera reunión comenzaba en cuarenta y cinco minutos. Tenía un mensaje preparado, pero sentí que ese día Dios tenía otro para darle a nuestra congregación. Karl y Pam estuvieron de acuerdo… y el resto, para adaptar una frase, «¡lo escribió todo el Señor!»

Aquel día, Dios grabó un recuerdo santo en la mente de toda la congregación: respondió las preguntas de aquellas personas que no entendían por qué había muertes prematuras, neutralizó las supersticiones que hacen que la gente se sienta obligada a decir que Dios «planifica» esta clase de agonía humana y combinó el buen sentido bíblico con el entendimiento humano. El resultado no fue solo una marejada de alabanzas a Dios por sus triunfos en medio de las aparentes tragedias, pues más de treinta y cinco personas recibieron a Jesucristo como Salvador! (Sí, relaté la historia del gorrión; y sí, el Espíritu Santo la hizo creíble para todas las personas presentes, no como una excusa sino como una manifestación de la providencia inspiradora y bondadosa que nos recuerda el cuidado personal que Dios tiene hacia cada uno de nosotros).

Su cuidado personal es la razón por la que los acontecimientos que ocurren esos días sin esperanza de la vida sean un escenario en potencia para manifestar las maravillas de su obra redentora. Por este motivo, al atravesar un día difícil, todavía existen motivos para declarar: «Todo se ha cumplido». Todos sus propósitos están asegurados y se concretarán. Y cualquiera sea el sufrimiento actual, terminará.

«Si por la noche hay llanto, por la mañana habrá gritos de alegría» (Salmo 30:5).

᠁ ᠁ ᠁

¿Estás dispuesto a invitar a Cristo para que intervenga en tu peor día sin esperanza y recibir la provisión que tiene para ti? Aunque Dios no planifica nuestros días sin esperanza, su Hijo Jesús puede llenarlos de su gloria. Te animo a que leas Juan 14.

CAPÍTULO NUEVE

FINALMENTE, ¡ENTRÉGALE A DIOS EL DÍA Y DEJA QUE PASE!

«¡En tus manos encomiendo mi espíritu!»

LUCAS 23:46

Por lo general, cuando llegas al final de un día penoso, ponerle fin es tan difícil como haberlo vivido. La terminación del día puede ser el comienzo de una larga noche de reconstrucción de las luchas vividas y la imposibilidad de experimentar el poder restaurador del sueño, debido a la sensación de inquietud que se torna tan penosa como la misma jornada. Por eso, al procurar aferrarnos a este último principio, es de suma importancia permitir que Jesús nos conduzca desde el terreno de la desesperanza a la esperanza.

¡Esto es particularmente cierto cuando sabes que el día que está por terminar quizá no se diferencie mucho del siguiente!

Los «días» sin esperanza pueden extenderse durante semanas; y es posible que los sucesos que incluyan no terminen de inmediato. Algunas cosas no pasan tan rápido como uno quisiera, y el alma, es decir, el corazón, la mente y las emociones, pueden entrar en un estado de preocupación hasta el punto de dar vueltas y vueltas en el mismo círculo de pensamientos, de nivel de angustia, de espectro de temor o de dudas desconcertantes, todo ello rodeado de la inquietante pregunta: «¿Cuándo acabará todo esto?»

Hallar esperanza para un día sin esperanza, o sea, ponerle fin a esa mala jornada es *colocarlo en las manos de Dios y dejarlo allí*. Así es como concluyó la agonía del Calvario, por eso es importante entender qué significaron estas palabras y también qué fue lo que *no* querían expresar. En los labios de Jesús, la frase: «En tus manos encomiendo mi espíritu»; no es un acto de agotadora resignación ni tampoco un clamor de derrota la expresión: «Todo se ha cumplido». Ambas son aseveraciones, afirmaciones de una acción concluyente. La sexta «frase» fue de *triunfo*, mientras que la séptima, de *confianza*.

Nunca dejes de señalar que el Cordero que estaba muriendo es también el Príncipe de vida. El sacrificado es asimismo el sacerdote; Jesús es al mismo tiempo la ofrenda de expiación y el agente que la ofrece. *Suya* era la vida que se entregaba y *él* era el que la ofrecía. Además, las horas de agonía lograron su propósito: la sangre expiatoria fue derramada y la gracia del perdón tuvo su origen en bases eternamente dignas, por lo cual el precio de la salvación se pagó por completo. La sangre del Cordero se derramó y todo lo que restaba era que él mismo entregara por fin su vida. Meses antes, Jesús había efectuado una declaración categórica en relación a este tema: «Entrego mi vida para volver a recibirla. Nadie me la arrebata, sino que yo la entrego por mi propia voluntad» (Juan 10:17-18). Ese momento había llegado.

Hay algo maravilloso y sublime en las últimas palabras que Jesús dijo en la cruz que no solo suelen ser pasadas por alto sino que, al hacerlo, se desaprovecha el mensaje que nos brindan como discípulos del Señor. Desde la perspectiva humana, sus expresiones manifiestan un acto supremo de confianza en el Padre. Estaba entregando el control de su vida en manos del Padre cuando, una hora antes, se sintió atormentado por la agonía del abandono al experimentar el distanciamiento que había entre él como portador de nuestro pecado y la santidad perfecta de Dios que no puede soportar el pecado en su presencia. No obstante, ahora, sin otra cosa que su confianza en la fidelidad del Padre a su Palabra, el Hijo dice: *«Estoy listo para entregar el control de mi vida y no tengo temor de hacerlo porque estoy colocando todas mis cosas en tus manos».* Sus palabras de confianza al entregar todo en las potentes manos del Dios todopoderoso son la lección final que nos brinda para hallar esperanza en un día sin esperanza.

Trina se sentó en mi oficina; su imagen era el cuadro perfecto de la compostura. Esta mujer atractiva de poco más de cuarenta años de edad y esposa de un médico exitoso era la esencia de la elegancia social y la sofisticación cultural. No obstante, en ella no había nada del esnobismo ni del sentimiento de superioridad que deteriora la dignidad de una persona que goza de una condición tan destacada como la suya. Porque Trina era una sierva profundamente consagrada del Salvador. Había aceptado a Cristo hacía varios años y su crecimiento estaba signado por una humildad tan real como la piadosa integridad que el entorno del que provenía le había inculcado. A pesar de eso, su esposo nunca había confiado en el Señor como Salvador.

Yo había visto algunas veces a Walt en la iglesia y, de hecho, me reuní con él en una ocasión. Dos cosas eran claras. En primer lugar, él respetaba con sinceridad y casi reverenciaba la fe de su esposa. No era la clase de respeto normal que se requiere en una sociedad deferente sino una evidente estima del estilo de vida que reconocía que ella tenía, lo cual beneficiaba muchísimo al hogar y al matrimonio. Sin embargo, había una segunda cosa: se percibía la existencia de un engaño sutil que le sugería a esa mente en cierto modo razonable que él no necesitaba al Salvador Jesús. O dicho de manera más sincera: «Si alguna vez aceptas a Cristo, eso significará tener que experimentar una *transformación genuina*, y tú no quieres dejar de ser quién eres, ¿no es así?» En el rostro de Walt se reflejaba algo fundamental: una falta de honestidad, resultado inevitable en un ser inteligente que no es sincero con Dios… y que también sabe que está en esa situación.

No obstante, este día era diferente; ya habían pasado tres años desde que Trina había comenzado a caminar con Cristo y pidió verme. Fue directamente al tema: «Pastor Jack, quiero pedirle que ore por mí más que aconsejarme. Esto tiene que ver con algo que estoy convencida que debo hacer. Sé que puede parecer extremista y, desde todo punto de vista, supongo que es así. No quiero dar la impresión de estar fuera de mis cabales, pero no conozco a ninguna otra persona a quien se lo pueda contar ni tampoco tengo planeado decírselo a nadie aparte de Lisa, mi amiga más íntima.

»Usted ha conocido a Walt y sabe que es un buen hombre, pero que no es creyente. Él mismo reconoce que debe entregarle el corazón al Señor, y me lo ha dicho. Creo que usted me conoce lo suficiente como para saber que no soy esa clase de esposa que parece religiosa, se queja a cada rato y que, por la gracia de Dios, he podido obedecer la Palabra de Dios en mi *vivir y amar* conyugal. Walt lo reconoce y casi siempre expresa su gratitud por el cuidado constante y la atención que le brindo».

Yo estaba preparado para que me dijera la idea que tenía (pensaba que era lo que con frecuencia expresan muchas parejas al decir: «Hice todo lo que pude, y estoy cansado de intentarlo. Quiero divorciarme de mi cónyuge incrédulo»), pero quedé perplejo cuando continuó explicándome su pedido de oración.

«Pastor —dijo bajando la mirada un poco avergonzada—, no quiero parecerle inapropiada en absoluto ni tampoco quiero hacer esto más difícil de lo que ya es para mí. La verdad es que Walt tiene un amorío. Lo descubrí hace poco cuando encontré unos medicamentos que dejó en el armario, remedios para el tratamiento de enfermedades venéreas.

»Cuando hablé con él del asunto, admitió ambas cosas: el amorío y el haber contraído la enfermedad que tenía la mujer.

Dije: «Me imagino que usted y él continuaban teniendo relaciones sexuales normales», y luego pregunté, «¿Qué le dijo cuando supo que se había enterado y que la había expuesto a contraer la misma enfermedad?»

Ella respondió: «Sintió una mezcla de vergüenza y humillación. No puso ninguna excusa, me pidió perdón por la insensatez de su comportamiento, pero agregó que, si bien estaba avergonzado, no podía prometer que no volvería a ceder ante la misma tentación».

«Entonces supongo que su pedido de oración es que ore con fervor para que Walt considere este acto de insensatez como una señal de su necesidad de acudir al Señor», le sugerí.

Ella coincidió en que deseaba que yo siguiera orando por eso, pero continuó diciendo que el verdadero pedido que tenía se relacionaba con el cuidado de su cuerpo. «Se imagina, pastor Jack, que sé que tengo todo el derecho de dejar a Walt y de prohibirle ejercer sus derechos en el lecho matrimonial hasta que primero se cure de esa infección y luego deje a la otra mujer».

Asentí con la cabeza, pero Trina no había terminado. «Sin embargo, también creo que el Señor me llama a demostrarle mi amor a Walt de una manera que exhiba con claridad el mismo amor de Dios hacia él. Pastor, *creo que debo continuar teniendo relaciones sexuales con él, aun cuando ponga en peligro mi propia vida».* Además, me comentó que había encontrado una revista con fotos de hombres desnudos teniendo relaciones homosexuales y se preguntada si Walt no estaría participando en actividades que lo expusieran al SIDA.

«Pastor, sé que es drástico y espero que entienda que lo que me impulsa es algo que el Señor ha colocado en mí corazón y no una necesidad desesperada de mi parte de continuar sexualmente activa ni de quedarme para recuperar el afecto de mi esposo. Puedo sobrevivir sin la relación física y no tengo ninguna duda de que Walt me quiere. El problema es que mi esposo es un ser horrorosamente enceguecido, y yo tengo la esperanza de que, al "amarlo como Jesús nos ama", tal como se expresa en el texto que dice: «En que siendo aun pecadores, Cristo murió por nosotros»; esta actitud lo haga reaccionar y comprenda la situación terrible en que se encuentra su alma. Es un ser esclavizado, pero es mi esposo y deseo hacer algo para ayudarlo a acercarse a Cristo».

Nunca antes me había sentido tan conmovido con una persona que tuviera tal sentimiento de compromiso hacia el matrimonio. Nada, permíteme repetirlo, *nada* en la Biblia requiere esa clase de actitud de parte de Trina. En realidad, bíblicamente tiene derecho de dejar a Walt. Y en la experiencia que he tenido trabajando con siervos consagrados del Señor, nunca observé *ninguna situación* que demostrara tanto deseo de poner en práctica el amor autosacrificado para bien de alguien que necesita a Cristo. Las palabras que me vinieron a la mente mientras oraba pidiendo que el Señor la protegiera al encarar esta actitud fueron: «Padre, en tus manos encomiendo la vida de Trina». Esas manos eran las únicas que podían protegerla y darle seguridad en los días que estaban por delante.

Luego de un poco más de un año, Walt dejó a Trina. Él prefirió vivir una vida promiscua y pervertida en vez de aceptar a Cristo y continuar con la mujer maravillosa y devota que tenía por esposa. ¿Y Trina? Ella nunca contrajo la infección a pesar de continuar teniendo vida sexual con su esposo y siguió siendo una esposa fiel hasta que él le dijo que se iba. Trina continuó viviendo para Cristo y, aunque no la he visto desde hace años, sé que sigue teniendo una íntima comunión con sus hijos y con su Salvador.

Nunca le propuse a nadie que siguiera el ejemplo de «sumisión» de Trina, pero es indudable que su proceder muestra la cara contraria de la rapidez con que, en el día de hoy, muchos creyentes en Cristo ponen fin a sus matrimonios al decir que «no hay esperanzas» de solución. Además, el matrimonio no es el único escenario donde solemos ser llamados a enfrentar situaciones malas y sin esperanza. Hay decenas de experiencias en la vida que nos invitan a seguir el ejemplo de Jesús para tener esperanza en un día sin esperanza, experiencias que no acaban con tanta rapidez como querríamos, pero que siempre nos instan a acudir a la cruz para volver a escuchar una y otra vez las palabras del Salvador.

En Filipenses 3, el apóstol Pablo expresó que la meta de toda la vida es conocer a Cristo en «el poder que se manifestó en su resurrección», objetivo que consiste en experimentar el dinamismo sobrenatural de esa vida que Jesús denominó «abundante», la vida que vino a traernos a todos. Sin embargo, esas palabras no están solas, porque tienen una frase que las acompaña y que señala el camino para «conocer a Cristo» en el poder de la vida abundante: «Participar en sus sufrimientos y llegar a ser semejante a él en su muerte» (v. 10). El plan de ruta es claro: se llama y siempre se ha llamado «el sendero de la cruz».

La cruz de Jesucristo no solo nos invita a acercarnos a *él*, el único «camino … verdad … y vida», el que tiene las llaves de acceso a la vida eterna, el que nos invita a recibir su perdón y poder al arrepentirnos de nuestros pecados, y que nos convida a colocar la fe en él como el único Salvador, el Hijo de

EL MISMO QUE MURIÓ
PARA OFRECERNOS VIDA
ABUNDANTE EN EL PRESENTE
Y VIDA ETERNA EN EL
FUTURO, ENFRENTÓ EL DÍA
MÁS DESESPERANZADO
DE LA HISTORIA, A FIN DE
ENSEÑARNOS A ENCARAR
NUESTROS DÍAS SIN
ESPERANZA.

Dios. Sin embargo, la cruz también nos invita a vivir *una vida* donde apliquemos la sabiduría de los caminos de Dios a nuestras relaciones interpersonales y actividades y sigamos el ejemplo de Jesús frente a nuestras luchas más intensas y pruebas más difíciles. El mismo que murió para ofrecernos vida abundante en el presente y vida eterna en el futuro enfrentó el día más desesperanzado de la historia, a fin de enseñarnos a encarar nuestros días sin esperanza. Por tal motivo:

- Perdona a esa persona (mejor dicho, *a todos*) que al parecer quiere arruinarte la vida.
- Aunque te sientas acosado, concéntrate en estimular a otros que luchan y tienen dudas.
- Asegúrate de ser sensible y cariñoso y de ocuparte de los están cerca de ti.
- Cuando surjan preguntas al parecer incongruentes, dirígeselas a Dios, no a los hombres.
- Aunque tengas muchos talentos, nunca dejes de demostrar que necesitas ayuda.
- Aférrate a la realidad de que los «finales» de Dios siempre tienen un propósito y una conclusión.

Finalmente, cuando ya se ha dicho todo, solo queda una cosa por hacer:

- Entrégale todo a Dios y sigue adelante.

Estas son las cosas que podemos ver al fijar «la mirada en Jesús». Las experimentarás al atravesar y *superar cualquier «día sin esperanza»*.

Hay algo maravilloso que elevará mi alma a pesar del día oscuro,
hay una gloria que quitará la desesperación.
Es porque hay un Hombre que murió, que luego hizo rodar la piedra
que bloqueaba la luz de esperanza y que me recibe allí.

Porque él siempre está presente, siempre está allí, un paso adelante de mis miedos,
y que ahora está a tu alcance, cualquiera sea tu angustia.
Entonces levanta los ojos, mírale a él porque ya recorrió tu sendero
y conoce el camino que conduce a la esperanza.

Así como la muerte no pudo contenerlo, también aquella mañana de pascua
anuló todos los poderes que procuran dar muerte.

Y con la misma certeza, no hay desesperan-
za que impida que se reúna contigo;
y allí se quedará hasta que se concreten tus
expectativas.
Su plan es bendecirte y, mejor aún, todo su-
cede conforme a su voluntad.

JWH

(N. del T.: Traducción literal)

❈ ❈ ❈

¿Hay alguna área de tu vida, quizá una relación da-
ñada o un sueño incumplido, que debes entregarle a
Dios? *Colócala hoy en sus manos*. Él se ocupa de ti
de manera personal e intensa. Recuerda que planificó
tu vida para que disfrutes de un futuro con esperanza.
Ahora lee el Salmo 139.

CAPÍTULO DIEZ

ESPERANZA PARA HOY… Y PARA SIEMPRE

«¡Alabado sea Dios, Padre de nuestro Señor Jesucristo! Por su gran misericordia, nos ha hecho nacer de nuevo mediante la resurrección de Jesucristo, para que tengamos una esperanza viva»

1 Pedro 1:3

Hay una cosa más.

Jesús no *se quedó* en la cruz.

Después de ese viernes aterrador y sin esperanza, que se conoce como «bueno» pero que pareció ser un día horrible, llegó la mañana del domingo.

Una mañana repleta de esperanza.

Una mañana en que un ángel se paró ante la puerta abierta de la tumba vacía de Jesús y pronunció las palabras más llenas de esperanza que el mundo escucharía jamás: «No está aquí, pues ha resucitado, tal como dijo» (Mateo 28:6).

¡Esta realidad es al mismo tiempo la chispa y el combustible que enciende *toda esperanza duradera*! Nuestra posibilidad de recuperar la esperanza cuando se inician días desesperanzados que la hacen desaparecer se basa en la certeza de que Jesús murió en la cruz para destruir todo lo que desencadena esa falta de esperanza; o sea, nuestro pecado o fracaso, nuestras debilidades carnales, las trampas de la tentación, las artimañas satánicas o el espectro de la muerte. *¡Sin embargo!* (¡Sí, querido mío, enfatiza esto, colócale signos de exclamación y grábatelo en la mente!), *sin embargo, Jesús resucitó de los muertos, vive para siempre y tiene las llaves para abrir las cadenas de toda desesperanza que procure esclavizarte o turbarte el alma. ¡Jesús tiene las llaves para hacerte libre y llenarte de esperanza!*

Esto no significa que todo cambia en un instante sino que la expectativa restaurada comienza a rescatar nuestra alma del lodazal del abatimiento y la llama de la fe empieza a disipar las tinieblas. Significa descubrir que el Espíritu Santo «camina a tu lado» y llena tu alma de paz. Te ayuda a centrar tu confianza en Jesús y te sostiene con brazos eternos hasta que la manifestación plena de la gracia del Padre resuelva esas cosas que de otro modo te destruirían.

Esto es precisamente lo que describe Efesios 1:15-23 en una oración donde se ruega que los ojos de tu corazón y del mío sean abiertos e iluminados por la gloriosa victoria divina manifestada en la resurrección de Cristo y su victoria sobre todos los adversarios. Se pide que nuestra vista sea restaurada para que experimente lo que se expresa a continuación:

«A qué esperanza él los ha llamado, cuál es la riqueza de su gloriosa herencia entre los santos» (v. 8).

Estas son las bases sobre las cuales podemos afirmarnos, porque constituyen un terreno sólido donde sostenernos. Evaluemos los alcances y resumámoslos de la siguiente manera:

1. Jesús murió para destruir el poder del pecado, de la muerte y del infierno.
2. Jesús resucitó para demostrar que la esperanza tiene poder vivificador para hacer que las promesas de Dios se cumplan en tu vida.
3. Ese poder vivificador, exterminador de fracasos, paralizador de Satanás, anulador del miedo y disipador de dudas pone de inmediato en funcionamiento el accionar extraordinario de la gracia divina a nuestro favor.
4. Y en medio de los días sin esperanza, el Espíritu Santo se coloca a nuestro lado para sostenernos y alentarnos, consolarnos y afirmarnos, guiarnos y conducirnos mientras permanecemos firmes en la esperanza.

Repasa estos conceptos y recuerda que, según la Palabra de Dios, «la esperanza nunca te desilusionará sino que se ocupará de que atravieses las tribulaciones y las pruebas al ser continuamente asistido por el derramamiento del Espíritu Santo de Dios, que en amor te guardará y hará crecer, a fin de experimentar el proceso» (Romanos 5:3-5, paráfrasis de JWH).

Estas «bases» fueron el cimiento de roca y granito donde dije que me encontraba afirmado aquella oscura mañana que describí al comienzo del libro. Luego de haber recorrido juntos estas páginas, quiero concluir relatándote una experiencia muy personal, a fin de ilustrar el deseo que tiene el Señor de que entendamos la *realidad* de la presencia prometida del Espíritu Santo cuando enfrentamos situaciones difíciles.

En el capítulo uno describí la muerte de mi querido Scott Bauer como resultado de un aneurisma cerebral y el ataque desagradable que el máximo príncipe de la desesperanza, Satanás, el adversario de tu alma y de la mía, había lanzado pocas horas después aquel viernes en la madrugada.

Permíteme agregar un final sencillo a la historia de aquella mañana. Unos quince minutos después de levantarme, me afirmé en el poder de esa gigantesca fortaleza interior que la paz de Dios me había concedido. Cuando me desperté por segunda vez, me coloqué la bata y las pantuflas y, como de costumbre, salí a recoger el periódico y a orar.

Era un momento hermoso de la mañana en que el sol se asomaba por encima de las altas copas de los arces que hay en la calle. Esos árboles que desplegaban un colorido destellante a causa del follaje dorado y rojizo del otoño me hicieron recordar las preciosas palabras que Dios me había dicho: *«Te bendeciré en el otoño»*.

Sentí que, de manera milagrosa, la paz de Dios que sobrepasa todo entendimiento me concedía una sensación de tranquilidad y fortaleza que rodeaba todo mi ser y que inundaba mi interior. Había puesto todo en las manos de Jesús y ese día, que de otro modo hubiese sido oscuro, se había convertido en un amanecer de esperanza; una esperanza que va más allá de toda razón, una esperanza vivificadora que supera el dolor de la muerte de un hijo. Lo que sucedió después es maravilloso pero difícil de describir.

Cedería a la tentación de no relatar lo que escribo a continuación porque experimento una vacilación razonable. Dicho de manera sencilla, no quiero parecer supersticioso ni dar la idea de ser una persona demasiado crédula. No, no lo soy. Sin embargo, la realidad es que, cuando tú o yo buscamos intensamente a Dios, él suele responder de maneras tan adecuadas, personales y preciosamente diseñadas que nos resulta difícil saber cómo describírselas a los demás.

Esto me hace recordar aquella vez cuando leí sobre el dilema que Sheldon Vanauken le relató a C.S. Lewis, donde describía su sentir al estar seguro de que Dios había planeado específicamente la aparición de un arco iris para consolarlo mientras regresaba a su casa después de haber estado en el hospital junto a su esposa durante los últimos momentos de su vida. En una carta que le envió al gran profesor universitario de Oxford y Cambridge, Vanauken le preguntó a Lewis si lo consideraría un loco por creer que ese hecho providencial era de verdad algo que Dios en su amor había planificado y enviado en el momento preciso. Vanauken le relató sobre cuánto aliento y esperanza le produjo verlo. Resumiendo la respuesta y el consejo que C.S. Lewis, una de las mentes más sobresalientes del siglo veinte, le escribió en una carta al desconsolado hombre en la que respaldaba la sensatez del razonamiento que señala que el corazón, la voluntad y el poder de Dios no solo son capaces de participar en una demostración tan personal (mientras que, al mismo tiempo, llevan a cabo otros objetivos) sino que también hace que el Señor se llene de gozo cuando creemos que nos está manifestando sus tiernas misericordias (ver *A Severe Mercy*, Harper & Row, S. Vanauken, San Francisco, CA, EE.UU., 1977). Así que ahora, fortalecido por este recuerdo, permíteme concluir el relato de mi historia y también estas páginas que escribí con el deseo de alentarte a tener esperanza cuando enfrentes días sin esperanza.

Tal como describí antes, poco después de levantarme, salí por la puerta del frente de la casa y, mientras caminaba por el jardín para recoger el periódico que un repartidor había arrojado allí, un pensamiento fugaz me hizo sonreír dentro de mí.

Durante los veinticinco años que vivimos en esta casa, en algunas ocasiones me detenía temprano por

JESÚS RESUCITÓ DE LOS
MUERTOS, VIVE PARA
SIEMPRE Y TIENE LAS LLAVES
PARA ABRIR LAS CADENAS
DE TODA DESESPERANZA QUE
PROCURE ESCLAVIZARTE O
TURBARTE EL ALMA.

la mañana al frente de nuestro hogar para orar en la quietud de la hora y, a veces, se producía una «casualidad» interesante: una o más palomas volaban hasta el techo de la casa o hacia un lugar elevado de alguno de los árboles con la evidente intención de asentarse en lo alto para calentarse con los rayos del sol matinal. Esto había sucedido innumerable cantidad de veces.

No obstante, hubo ciertos momentos especiales que, aunque escasos, constituyeron ocasiones memorables y notorias, donde la aparición de las palomas me daba la impresión de «haber sido diseñada» como una señal agradable y una confirmación de la atención del Espíritu Santo a mis oraciones (dado que en una ocasión se registró la presencia del Espíritu de Dios en forma de paloma). Este hecho no dependía de que fueran situaciones en que necesitara confirmar mi fe ni tampoco que acostumbrara a buscarlas con intención. Sin embargo, de ninguna manera había tratado de rechazar la sensación de «protección especial» que le habían otorgado a mi alma las pocas veces que eso había ocurrido. (Y, como comentario adicional, repito que fueron cientos de veces en que una paloma o varias levantaron vuelo y no percibí ninguna sensación de que fuera un acto especial de la providencia ni sentí deseos de que sucediera como por arte de magia).

A pesar de todo, esa particular mañana desafiante, cuando me incliné para levantar el diario, nunca me olvidaré lo que susurré sonriendo interiormente: «Señor, en este momento tu paz es tan maravillosa que quisiera "tener una paloma"». Entonces, mientras me levantaba, giré para mirar hacia el árbol y el techo de nuestra casa. No había ninguna paloma... entonces, volviendo a sonreír (mayormente en mi interior), dije con una leve risita: «Jesús, aunque no haya ninguna paloma, sé que tú estás presente y te agradezco por la paz que me has dado».

Y, en ese preciso instante asombroso, peculiar e impactante para mi alma hasta el día de hoy, se produjo un fenómeno singular. De pronto se levantó un viento diferente e inexplicable entre los árboles que están frente a la casa, una brisa que, naturalmente hablando, era tan incomprensible como hermosa. Con un «soplido» suave y continuado movió delicadamente las hojas y un destello inefable de rayos solares semejantes a diamantes brilló entre los árboles y se reflejó en el jardín. En medio de la infinita belleza del momento y la rareza absoluta y particular de la ocasión quedé maravillado y sin habla. Luego, una «voz» suave me habló al corazón:

«Tengo otras formas de revelar mi presencia aparte de las palomas».

Fue tan real, tan tiernamente bondadoso y tan significativamente oportuno que el corazón me dio un salto y, de pie en medio de esa mañana soleada, con los brazos en alto comencé a cantar:

«¡Él es nuestra paz, Aquel que derribó toda muralla!

¡Él es nuestra paz … Él es nuestra paz!»

Me vino a la mente un himno de adoración que no había entonado durante años y continué cantándolo, maravillado ante el amor bondadoso y los métodos personalmente alentadores de nuestro Padre:

«Echa toda tu carga sobre él, porque cuida de ti; él es nuestra paz, él es nuestra paz», y la canción continuaba citando la promesa de la Palabra eterna de Dios dada hace cientos de años por inspiración del Espíritu a través del apóstol Pedro: «Dios se opone a los orgullosos, pero da gracia a los humildes. Humíllense, pues, bajo la poderosa mano de Dios, para que él los exalte a su debido tiempo. Depositen en él toda ansiedad, porque él cuida de ustedes» (1 Pedro 5:5-7).

Así fue y así lo relato de manera cautelosa pero al mismo tiempo audaz.

Cautelosa porque de ningún modo quiero sugerir que nosotros, menos yo, tengamos derecho a demandar señales de parte de Dios; pero audaz porque que hay ocasiones cuando él prefiere actuar de esa manera.

Cautelosa porque no querría que ningún alma preciosa se sintiera menos amada si no se produjera ninguna señal personal en su «día»; pero también deseo ser muy audaz para anunciar que a todos se nos ha dado una señal concluyente: *¡Jesús vive!* ¡Y el mismo poder que se manifestó para resucitarlo de los muertos está presente allí mismo donde estás para sacarte de cualquier situación desesperada, a fin de conducirte a la presencia llena de esperanza del Señor!

¡Míralo a él, querido hijo de Dios!

¡Así como aprendimos lecciones a partir de sus experiencias en la cruz, elevemos nuestra mirada al trono celestial donde nuestro Salvador resucitado y ascendido nos da la bienvenida para que también aprendamos de su vida resucitada!

Cada día sin esperanza es solo un viernes, y los «viernes» se terminan. Y si bien nos pueden hacer atravesar un sábado de espera e incluso de luto, el sábado no es el final de la semana sino el umbral para llegar al domingo. Y *cada* uno de estos días es un recordatorio renovado de esta verdad: «¡Porque él vive, puedo enfrentar el mañana!»

Esto es más que una poesía; es una profecía acerca de cualquier día que las circunstancias intenten denominar «sin esperanza». Por eso, estas palabras declaran: «Con mi fe exaltada en la victoria de la cruz y mi esperanza anclada en la gloria de su resurrección triunfante, en el nombre de Jesús, el Salvador al que elevo mi mirada y observo con actitud de alabanza, renombro este día como «¡un día *lleno de esperanza*!»

ORACIÓN PARA RECIBIR A CRISTO COMO SEÑOR Y SALVADOR

Es posible que hayas leído todo este libro y que, aun así, no estés seguro de tener una relación personal con Dios. Si es así, este pequeño anexo contiene una oración y, al final, un ofrecimiento.

La oración es para ayudarte a ser preciso, conforme a la promesa de salvación que Dios hace en su Palabra y que se obtiene por medio de su Hijo Jesucristo. Por lo tanto, si nunca invitaste a Cristo a entrar en tu vida ni le pediste que fuera tu Salvador personal, él está dispuesto a escucharte ahora mismo.

Por favor, permíteme ayudarte para que lo recibas en tu corazón y en tu vida. Solo inclina tu cabeza en el lugar donde estés o arrodíllate si puedes hacerlo o si estás en un sitio apropiado. Por favor, permíteme ayudarte a orar en este instante. En primer lugar, haré una oración sencilla. Después de eso, verás que agregué algunas palabras para que tú ores.

Mi oración

Dios y Padre, tengo el privilegio de unirme en oración con este hijo tuyo que está leyendo este libro. Quiero agradecerte porque ha abierto su corazón a ti y deseo alabarte porque prometiste que, cuando te invoquemos, tú responderás.

Sé que este corazón se presenta ante ti con genuina sinceridad y que está dispuesto a hacer esta oración. Por eso nos dirigimos a ti en el nombre y por los meritos de la obra de tu Hijo, el Señor Jesucristo, en la cruz. Gracias por escucharnos.

(Y ahora, continúa tú con la oración... él te está escuchando).

Tu oración

Querido Dios, hago esta oración porque creo en tu amor para conmigo y quiero pedirte que vengas a mí tal como yo voy a ti. Por favor, ayúdame ahora. En primer lugar, te agradezco por enviar a tu Hijo Jesús a la tierra a vivir y morir por mí en la cruz. Te doy gracias por el perdón de pecados que me ofreces en este momento, y te pido que me perdones. Perdona y limpia mi vida por medio de la sangre de Jesucristo. Me arrepiento de todas y cada una de las cosas indignas que hice. Por favor, quita toda mi culpa y mi vergüenza, porque acepto que Jesús murió para pagar por todos mis pecados y que, por medio de él, tengo perdón ahora en esta tierra y también vida eterna en el cielo. Señor Jesús, te pido, por favor, que entres en mi vida ahora mismo. Debido a que resucitaste de los muertos, sé que vives y que deseas vivir conmigo ahora y para siempre. Te entrego mi vida y me pongo en tus manos. Invito al Espíritu Santo a que me llene y me guíe para vivir una vida que le agrade al Padre celestial. Gracias por escucharme. De ahora en adelante me consagro a Jesucristo, el Hijo de Dios. Oro en su nombre. Amén.

Un ofrecimiento

Antes de que hicieras tu oración, te dije que me gustaría ofrecerte algo que está gratis, a tu disposición y sin ningún otro compromiso, y que ruego lo utilices. Se trata de un librito que escribí titulado *Recién nacido*. Es una guía sencilla para ayudarte a dar sabiamente los primeros pasos de la fe en Jesucristo y para conocer el sendero del crecimiento espiritual. Es importante aceptar la siguiente instrucción bíblica: «Deseen con ansias la leche pura de la palabra, como niños recién nacidos» (1 Pedro 2:2).

Recién nacido no solo proporciona principios para comenzar a andar con Cristo sino que contiene el Evangelio de Juan, un libro entero de la Biblia. Este material es un medio para «ponerse en movimiento». Así que, permíteme enviártelo.

Puedes obtenerlo escribiendo a «Recién nacido», Jack Hayford Ministries, 14800 Sherman Way, Van Nuys, CA, 91405, USA. Asegúrate de mencionar en la carta que estás respondiendo al ofrecimiento que hago en este libro. También puedes contactarte con nuestro ministerio si envías un mensaje por correo

electrónico a la siguiente dirección:
editor@jackhayford.com.

Después de haber aceptado a Jesucristo como Salvador, te aconsejo que busques una iglesia donde adoren al Señor, honren la Palabra de Dios y esté liderada por pastores confiables. Pídeles que te bauticen como Jesús ordenó y, cuando lo hagas, espera que el Señor cumpla su promesa de llenarte con el poder del Espíritu Santo para vivir y crecer en la voluntad de Dios.

Además, tendrás como ayuda relacionada con estos temas materiales que se encuentran disponibles en nuestro sitio de Internet: www.jackhayford.org. Sin embargo, crecerás mejor en cada área si formas parte de una congregación local doctrinalmente sana y adoras en comunión con otras personas que aman al Salvador.

ORACIÓN PARA INVITAR AL SEÑOR A LLENARTE DEL ESPÍRITU SANTO

Querido Señor Jesús, te agradezco y alabo por tu gran amor y fidelidad hacia mí. Mi corazón se llena de gozo cada vez que pienso en el gran regalo de la salvación que me diste gratuitamente. Señor Jesús, con humildad te glorifico por haber perdonado todos mis pecados y haberme acercado al Padre. Ahora acudo en obediencia a tu llamado. Quiero recibir la plenitud del Espíritu Santo. No acudo a ti porque sea digno de hacerlo sino porque tú me invitas. Te agradezco porque, al haberme lavado de mis pecados, convertiste mi vida en un instrumento digno de ser llenado con el Espíritu Santo de Dios. Señor Jesús, quiero ser inundado de tu vida, tu amor y tu poder. Quiero transmitir tu gracia, palabras, bondad y dones a todos los que pueda. Y por eso, con una fe sencilla y semejante a la de un niño, te pido, Señor, que me llenes del Espíritu Santo. Pongo en tus manos cada área de mi vida para recibir toda la plenitud de tu Persona. Señor, te amo y elevo mi voz en alabanza a ti. Recibo con agrado tu poder y tus obras milagrosas para que se manifiesten en mí para tu gloria y alabanza.

Ahora bien, no te estoy pidiendo que digas «amén» al final de esta oración porque, después de invitar a Jesús a que te llene, es bueno comenzar a alabarle con fe. Alaba y adora a Jesús simplemente permitiendo que el Espíritu Santo te ayude a hacerlo. El Espíritu se manifestará con el fin de glorificar a Cristo y podrás pedirle que enriquezca ese momento para que percibas la presencia y el poder del Señor Jesús. Es muy probable que experimentes las mismas cosas que les sucedieron a las personas en los tiempos bíblicos. Así que, mantente expectante. El espíritu de alabanza te permitirá de manera apropiada expresar esa expectativa y, para que Jesús sea el centro de la escena, suma a la adoración, alabanza. Glorifícale y deja que el Espíritu Santo haga el resto.

OTRAS PRODUCCIONES DE JACK HAYFORD

Disponible en www.jackhayford.org o llamando sin cargo (solo en EE.UU.) al (800) 776-8180

The Parable of the Pennies (CD, casetes, DVD)

Descubre la ternura con que Dios ama a cada persona y la verdad de que nadie está tan alejado ni arruinado por el fracaso ni que tampoco es tan indigno como para ser abandonado por el Señor.

31 Days Meditating on the Majesty of Jesus (Libro)

Conoce el carácter de Jesús mediante el estudio de los diversos nombres y los términos poéticos que se emplean para describir la maravillosa profundidad y grandeza de su Persona y de sus caminos. Estas treinta y un lecturas diarias sobre los nombres de Jesús, que se encuentran en las Escrituras, te acompañarán durante un mes para que seas fortalecido «al meditar en el nombre del Señor».

El Visitante divino (Libro)

Incentiva el crecimiento y aumenta la comprensión sobre el amor y la gracia de Dios hacia ti al conocer la belleza de la venida de Jesús al mundo para vivir entre nosotros, ser herido, sufrir a nuestro favor, derramar su sangre y morir por nosotros. Él «visitó» nuestro mundo necesitado. Este libro ayuda a explicar el carácter personal de todo lo que hizo.

Joshua–Possessing the Promise (DVD)

Experimenta el viaje de Israel hacia la tierra prometida mediante estas lecciones audiovisuales en las que el pastor Hayford brinda aliento espiritual para ayudar a las personas a descubrir y llevar a cabo el propósito de Dios para sus vidas.

Three Keys to Releasing Life (CD, casetes, DVD)

Echa un vistazo a las claves desarrolladas en estos tres mensajes sobre el poder del perdón, la alabanza y las ofrendas para liberar la vida.

The King's College and Seminary, dos escuelas autorizadas y fundadas por el Dr. Jack Hayford, tienen como objetivo formar hombres y mujeres espiritualmente vibrantes, bíblicamente fuertes, teológicamente equilibrados, capacitados por el Espíritu y equipados para el ministerio. Las clases se dictan de forma presencial pero también a distancia. Para comenzar, recomendamos específicamente el curso *Christian Disciplines*, desarrollado por C. Fred Cassity, J. D. [doctor en Leyes], basado en los libros del pastor Hayford, *My Daily Walk* y *Living the Spirit-Formed Life*. Para obtener más información o inscribirse, visita el sitio www.kingscollege. edu o www.kingsseminary.edu, o llama sin cargo (solo en EE.UU.) al (888) 779-8040.

Nos agradaría recibir noticias suyas.
Por favor, envíe sus comentarios sobre este libro
a la dirección que aparece a continuación.
Muchas gracias.

Editorial Vida
Vida@zondervan.com
www.editorialvida.com